KB267625

서비스디자인 이노베이션

2012년 12월 5일 초판 발행 **O** 2013년 4월 26일 2쇄 발행 **O 지은이** 표현명, 이원식
펴낸이 김옥철 **O 주간** 문지숙 **O 편집** 민구홍 **O 디자인** 박찬신, 전병학 **O 다이어그램** 김은주
마케팅 김헌준, 이지은, 정진희, 강소현 **O 출력·인쇄** 스크린그래픽
펴낸곳 (주)안그라픽스 우413-756 경기도 파주시 문발동 파주출판도시 회동길 125-15
전화 031.955.7766(편집) 031.955.7755(마케팅) **O 팩스** 031.955.7745(편집) 031.955.7744(마케팅)
이메일 agdesign@ag.co.kr **O 홈페이지** www.agbook.co.kr
등록번호 제2-236(1975.7.7)

이 도서의 국립중앙도서관 출판시도서목록(CIP)은 e-CIP홈페이지(www.nl.go.kr/ecip)와
국가자료공동목록시스템(www.nl.go.kr/kolisnet)에서 이용하실 수 있습니다.
CIP제어번호 : CIP2012005474

ISBN 978.89.7059.659.4(93630)

서비스디자인
이노베이션

표현명·이원식 지음

안그라픽스

국가의 차세대 성장 동력,

서비스디자인

최근 첨단 산업을 제외한 분야에서 기술 격차가 급격히 감소하며 차별화를 위한 새로운 전략으로 '디자인(design)'과 '서비스(service)'를 결합한 '서비스디자인(service desgin)'이 주목받고 있다. 서비스디자인은 경험이나 행동 등 무형의 서비스를 시각화하고, 이를 통해 사람들의 행동을 긍정적으로 변화시키는 일련의 프로세스를 디자인하는 혁신 수단이다. 이를 통해 전에 없던 가치와 시장을 창출함으로써 앞으로 그 역할과 의미는 더욱 확대될 것이다.

글로벌 디자인 컨설팅 회사인 아이디오(IDEO)가 뱅크오브아메리카(Bank of America, BoA)의 의뢰로 진행한 '잔돈은 가지세요(Keep the Change)' 프로젝트는 성공적인 서비스디자인 사례이다. 이 프로젝트는 거스름돈을 저금통에 모아두었다가 은행에 저축하는 일반적인 행동을 쉽고 편하게 할 수 있도록 한 서비스이다. 19.5달러의 물건을 구입하는 과정에서 체크카드로 20달러를 결제하고, 나머지 0.5달러를 별도의 예금 계좌로 자동 입금해 저축을 자연스럽게 유도하는 식이다. 또한 0.5달러를 매일 한 달간 저축하면 15달러가 된다는 것을 그래픽으로 한눈에 보여주었다. 이를 통해 금융을 어렵게 생각하던 여성 고객의 호응을 유도해 서비스 시행 첫해에 250만 명의 고객을, 결과적으로 1,200만 명의 신규 고객을 유치하는 기록을 세웠다.

국내에서도 점차 다양한 분야에서 서비스디자인을 시도하고 있다. 특히 2011년 한국디자인진흥원의 주도로 진행된 에너지 절약을 위한 '에너지 고지서 리디자인' 프로젝트는 축구 경기의 옐로카드와 레드카드를 활용했다. 이웃보다 전력 사용량이 많으면 고지서에 빨간색, 비슷한 수준이면 노란색을 넣어 사용량 비교를 통해 주민들이 실질적으로 전기를 절약할 수 있도록 유도했다.

이처럼 우리는 디자인으로 사람의 행동과 습관을 바꿀 수 있는 시대에 살고 있다. 디자인이 개인과 기업, 나아가 사회를 이끌어나갈 시스템과 서비스를 창조하는 핵심 역량으로 자리한 것이다. 선진국일수록 경제 활동과 고용에서 서비스산업의 비중이 높아지는 '서비스 경제화'가 가속화되고 있으며, 이미 선진국과 글로벌 기업은 서비스디자인을 활발하게 연구하고 활용하고 있다.

21세기 서비스디자인 시대에 선진 경제로의 도약을 꿈꾸는 한국은 패스트팔로워(fast follower)가 아닌 스스로 문제를 정의하고 해답을 찾아나가는 퍼스트무버(first mover)가 되어야 한다.

그런 가운데 서비스디자인에 대한 기본 개념과 이론, 사례를 모아 한국의 서비스디자인 발전에 바탕이 되어줄 이 책 『서비스디자인 이노베이션』이 출간되어 무척 기쁘게 생각한다. 부디 이 책이 서비스디자인의 역할과 미래 산업에 대한 통찰력을 얻는 귀중한 기회가 되길 기대한다.

이태용
한국디자인진흥원 원장

'서비스디자인 시대'에서

'서비스디자인 이노베이션'으로

세상이 참 좋아졌다는 생각을 자주 하게 된다. 일상에서 경험하는 최첨단 기술의 우수한 제품들은 물론이고, 기업들의 생존을 위해 개발되는 변화무쌍하고 놀라운 서비스의 발전에 감탄을 연발하는 경우가 많아졌기 때문이다.

2008년 국내 최초로 '서비스디자인'이란 용어를 소개한 『서비스디자인 시대』를 펴냈던 당시만 해도 국내에서 서비스디자인은 매우 낯설고 생소한 개념이었다. 출간 준비 과정에서 자료 수집을 위해 국내 포털 사이트에서 '서비스디자인'을 검색하면 유용한 검색 결과를 전혀 찾을 수 없었기에 외국 검색 사이트를 통해 관련 자료 대부분을 수집했던 기억이 있다. 하지만 불과 몇 년이 지난 지금은 상황이 많이 달라졌다. 국내외에 이미 많은 관련 단체와 전문 회사들이 등장했고, 학계에서는 체계적인 이론들이 연구되기 시작했으며, 국내 포털 사이트에서 검색을 하면 여러 성공 사례들과 함께 많은 정보를 쉽게 접할 수 있게 되었다. 그야말로 '서비스디자인 시대'인 것이다.

이번 책 출간을 결심할 당시만 해도 산업계에 몸담고 있는 우리가 본연의 기업 업무 활동 이외에 틈틈이 짬을 내어 연구한 내용으로 책이 나오게 되면 자칫 이론적 바탕이 부족하다는 비판과 쓴소리를 들을까 걱정과 부담감이 있었다. 하지만 도전과 응전, 시행착오 없이 개인과 사회는 발전할 수 없다는 생각과 그간 관련 업계의 첨단에 종사하며 프로젝트를 통한 실무에서의 경험과 이론을 바탕으로 피부에 와 닿는 내용을 풍부하게 수록할 수 있겠다는 생각으로 집필을 결심하게 되었다.

현재 국내에서는 디자인, 산업공학, 마케팅, UX(User Experience), HCI(Human Computer Interaction), 서비스사이언스 등 다양한 분야에서 서비스디자인에 대한 접근이 활발히 진행되고 있다. 이 책은 서비스디자인을 바라보는 많은 분야와 시각 가운데 '디자인 경영'의 관점에서 기업이 서비스를 통한 혁신을 위해 '디자인'을 어떻게 활용할 것인지 다학제적인 측면에서 접근하고 있다. 아직 서비스디자인에 대해 널리 알려진 일반적인 개념과 이론이 완전히 정립되지 않은 상황에서, 부족하나마 이 책이 하나의 용감한 시도로 받아들여질 수 있도록 독자들께서 너그럽게 이해해주시길 바란다. 또한 이 책을 통해 다양한 분야 간의 이해와 교류를 증진시켜 많은 분들로 하여금 더욱 훌륭한 성과물이 나오길 바라는 마음이다.

끝으로 이 책이 나오기까지 도움을 주신 많은 분들께 감사의 인사를 드리고 싶다. 주변의 깊은 관심과 따뜻한 격려가 없었다면 정말 이 책을 써낼 수 없었을 것이다. 특히 주경야독하며 새벽과 주말에도 집필하는 데 따뜻한 애정과 응원을 아끼지 않았던 사랑하는 가족에게 특별한 고마움을 전한다.

2012년 11월
표현명·이원식

차례

디자인은 어느 한 가지 기술이 아닌 인간과 기술, 기술과
기술, 장르와 장르, 아날로그와 디지털, 물질계와
비(非)물질계를 이어주며 우리 사회 전반을 아우르는
인터페이스(interface)이다. 디자인은 인터페이스로서
'사회 문화 정보'로 기능해야 한다.

이어령 Lee, Eoryung
중앙일보 고문

1

미래를 위한
성장 동력의 열쇠,
서비스와 디자인

디자인, 혁신적인 프로세스

세계적인 디자인평론가 존 헤스켓(John Heskett)은 그의 저서 『로고와 이쑤시개(Toothpicks & Logos: Design in Everyday Life)』에서 도처에 디자인이란 말이 횡행하는 오늘날의 혼란스러운 상황을 한탄하며 그 태생적 원인을 '디자인'이라는 단어 자체에서 찾는다. 그리고 구구절절 설명을 늘어놓는 대신 단 한 줄의 문장으로 그 개념을 정의한다.

> 디자인이란 디자인을 만드는 디자인을 디자인하는 것이다.
> Design is to Design a Design to produce a Design.

이 문장에서 각각의 '디자인'이란 단어의 의미와 용법을 정확히 파악할 수 있다면 디자인을 제대로 이해하고 있는 것이다. 헤스켓의 관점에 따르면 '디자인'은 '사랑'이라는 단어와 일맥상통한다. 누가 누구에게, 어떤 맥락에서 사용하느냐에 따라 그 의미는 무척 달라진다. 위 문장에서 디자인은 상황에 따라 어떤 한 분야를 나타내는 말로, 행위와 과정을 나타내는 동사로, 콘셉트나 제안을 가리키는 명사로, 또 그런 콘셉트가 구체화된 모습을 나타내는 용법으로 각각 다르게 사용되었다. 하지만 여기에서는 구태의연하게 '디자인'의 품사를 따지며 그 기원을 추적하지는 않을 것이다. 그보다는 오늘날의 기업 환경에서 디자인이 어떤 의미인지, 그 중요성을 올바르게 이해할 필요가 있기 때문이다.

디자인의 중요성을 강조하는 기업을 유심히 살펴보면 거기에는 반드시 따라붙는 말이 있다. 바로 '혁신(innovation)'이다. 현대 사회에서 변화, 즉 혁신은 이미 오래전에 기업의 생존을 위한 최대 화두로 떠올랐다. 옷이나 자동차와 마찬가지로 비즈니스계에도 시대마다 사회의 변화를 반영한 '트렌드(trend)'가 존재한다. '품질(quality)'이 산업화 시대의 기업을 위한 행동 구호였다면 1990년대 정보화 사회가 도래하면서 등장한 '지식 경영(knowledge management)'도 같은 맥락에서 이해할 수 있다. '혁신' 역시 '모바일(mobile)' '글로벌(global)', 그리고 무엇보다도 '변화의 속도(speed of change)'라는 21세기 기업 환경에 발맞추어 등장했다는 점에서 전자와 같은 개념으로 볼 수 있다. 하지만 한 가지 다른 점이 있다. 생존 전략을 현실화하는 방법론의 문제가 그것이다.

'품질경영'이나 '지식경영'이라는 말은 다소 추상적이지만 이를 실천하는 방법까지 그런 것은 아니었다. 1987년 모토로라(Motorola)에 근무하던 마이클 해리(Michael J. Harry)가 고안하고 GE의 잭 웰치(Jack Welch)가 전 세계에 파급시킨 '식스시그마(Six Sigma)'가 품질 경영을 위한 하나의 방법론이었다면, 지식 경영이 화두로 떠올랐을 때 각 기업은 인트라넷과 네트워크를 구축해 조직 내의 지식을 창출하고 정보를 공유할 수 있었다. 그렇다면 앞으로 지속적인 생존과 성장을 위한 혁신적인 동력으로 어떤 방법론을 제시할 수 있을까?

사람들은 사소한 경영 기법 개선이나 작은 시스템 변화에 '혁신'이라는 말을 함부로 사용하지 않는다. 패러다임을 변화시키는 것까지는 아니더라도 획기적인 아이디어나 통찰을 바탕으로 일정 수준 이상의 새로움을 만들어내야 '혁신'이라 불릴 수 있다. 하지만 어느 시대, 어느 사회이건 이러한 새로움을 창출해내는 것은 쉬운 일이 아니다. 그 때문에 혁신은 번뜩이는 영감과 끈질긴 노력으로 새로운 제품을 발명해온 이들만이 할 수 있는 것으로 치부되곤 했다. 그렇다면 오늘날의 기업이 해결해야 할 문제는 단 한 가지, 평범한 사람일지라도 지속해서 혁신을 창출하는 방법을 찾는 것이다. 그리고 그 해답으로 떠오른 것이 디자인이다.

오늘날의 기업은 그 어느 때보다 절실하게 혁신을 원하며 그것을 통제하고자 한다. 혁신에 따르는 위험을 간파하고 있기 때문이다. 마셜 매클루언(Marshall McLuhan)은 저서 『미디어의 이해 (Understanding Media)』에서 "혁신적인 일은 기존 조직의 균형을 위협한다. 대기업에서는 새로운 아이디어를 내놓도록 권장하지만 내놓은 즉시 혹평을 받게 된다. 대기업에서 아이디어를 다루는 부서는 위험한 바이러스를 분리하는 실험실과 같다. 따라서 누군가 대기업에서 눈부신 성과를 가져올 새로운 아이디어를 내놓는다면 그것은 우스꽝스러운 제안으로 치부될 것이다."라고 언급했다. 물론 이런 주장은 여전히 기업의 최전선에서는 어느 정도 유효하지만 지금과 같은 상황에서는 그 일부를 수정할 수밖에 없다. 통제할 수 있는 혁신은 더는 위협이 될 수 없기 때문이다.

톰 피터스(Tom Peters)는 '혁신은 훈련으로 터득할 수 있는 기술'이라고 말했다. 그리고 성공하는 기업의 네 가지 핵심 요소 가운데 하나로 디자인을 언급했다. 하버드대학교(Harvard University) 경영대학원(Business School)의 '혁신 관리와 제품 개발'이라는 과목에서 다루는 주요 주제 가운데 하나는 '왜 어떤 조직은 다른 조직에 비해 혁신적인가?'이다. 이는 조직에 속한 사람들의 능력 차이에서 비롯한 것인가? 아니면 조직을 운영하는 방법이나 프레임에 기인하는 것인가? 그 해답을 밝혀내기 위해 이 과목에서는 성공적인 디자인과 경영 사례를 분석하고 혁신에 이바지한 핵심 역량이 무엇이며 어떻게 관리해야 하는지 체계적으로 연구한다. 그뿐 아니라 노스웨스턴대학교(Northwestern University)의 '제품 개발과 디자인', 조지타운대학교(Georgetown University)의 '신상품과 새로운 서비스 개발' 등의 과목은 이미 오래전에 경영학 석사과정(Master of Business Administration, MBA) 학생들에게 인기 과목으로 자리 잡았다. 이런 호응에 힘입어 UC버클리대학교(University of California, Berkeley) 하스경영대학원(Haas School of Business)에서는 '전략적 비즈니스 이슈로서의 디자인'이라는 과목이, 펜실

베이니아대학교(University of Pennsylvania, UPENN) 와튼스쿨 (Wharton School)의 최고경영자과정에서는 '디자인, 혁신, 그리고 전략'이라는 과목이 필수 과목으로 자리매김했다.

이처럼 미국의 유수 MBA에서 디자인 과목을 기존 커리큘럼에 포함하거나 새로운 디자인 교육 과정을 개설하는 이유는 혁신적인 프로세스로서 디자인이 지닌 잠재력에 주목했기 때문이다. 이들은 이미 디자인적인 사고와 지식이 제품의 외형을 만들어내는 데 그치지 않고 비즈니스 전반에 적용하는 전략이나 사고 또는 방법론으로 활용할 수 있다는 사실을 깨달은 것이다. 디자인은 하나의 방법론으로 제안하기에는 그 개념이 너무 광범위하다.

이렇듯 '디자인'이란 말은 다양한 위치에서 사용된다. 그 개념 또한 시대와 함께 변해왔다. 좀 더 정확히 말하면 시간의 흐름에 따라 계속 새로운 의미가 덧붙으며 확장되어왔다고 할 수 있다. 물론 각 시대를 풍미한 디자인의 의미는 지금도 유효하다. 예를 들어 제품에 기능과 조형미를 더해 판매 곡선을 끌어올리는 마케팅 요소로서의 디자인은 기업의 최전선에서 여전히 강력한 힘을 발휘하고 있다. 다음은 시대의 변화에 따른 디자인에 대한 정의를 나열한 것이다.

1960년	**폴 그릴로** Paul Grillo	디자인은 그 자체가 하나의 목적이다. 디자인은 곧 인공물을 자연환경과 생활양식에 적응시키는 인간 논리가 세운 업적이다.
1977년	**마조리 베블린** Marjorie Bevlin	시각적 측면에서 볼 때 디자인은 하나의 특정 목표를 달성하기 위해 재료의 형태를 조직화하는 것이다.
1979년	**존 파일** John Pile	디자인은 사물의 형태를 만들어내기 위해 색채, 규격, 재료, 모양 등을 선택하는 과정이다.

디자인은 온통 우리를 둘러싸고 있다. 디자인은 물질세계의 모든 사물에 특성을 부여하며 공장의 생산품이나 서비스 등 무형의 프로세스에 형태를 제공한다.

1989년　빅터 마골린
Victor Margolin

디자인 영역의 확장은 단순히 언어의 사회성이나 역사성에 따른 말뜻의 변화만을 의미하지 않는다. 이는 디자인이 지닌 창의성과 체계적인 프로세스를 다른 분야에 응용하는, 진정한 의미의 변화를 일컫는다.

2003년　조동성
Cho, Dongsung

디자인은 창조와 혁신의 매개체이다.

2005년　초지 콕스
George Cox

디자인이란 인공물에 심미적·실용적·경제적·문화적 가치를 부여하기 위해 고도로 복합적인 요소들을 종합해 가장 합당한 특성을 창출하는 지적 조형 활동이다.

2006년　정경원
Chung, Kyungwon

위에서 인용한 디자인에 대한 정의들을 살펴보면 1990년대 이전에는 사물의 형태를 만들어내기 위해 디자인 요소를 구성하는 시각적 개념을 중요시했음을 알 수 있다. 그러나 2000년 이후에는 눈에 보이지 않는 개념뿐 아니라 창조적인 정신을 바탕으로 일어나는 인간의 모든 행위와 일을 디자인에 포함하고 있다. 1990년대 이전과 이후 그리고 오늘날에 이르기까지 디자인의 개념을 두고 무엇이 옳고 그른지 논하는 것은 바람직하지 않은 일이다. 디자인은 형태를 인지하는 시각적 개념으로 받아들일 수도 있고, 이미지의 개념, 더 나아가 다른 사회·과학·인문 분야 등과 통합된 광범위한 개념으로 이해할 수도 있다.

다음의 다이어그램을 보면 물질적·기능적·외형적·표면적 기능을 디자인의 첫 번째 개념으로 분류한 것을 알 수 있다. 사람들이

디자인 개념의 범위
최미경, 2008

디자인에 대해 논할 때 가장 흔히 쓰는 개념인 '시각적 개념'이다. 두 번째는 첫 번째 개념과 더불어 비가시적 개념까지 포함한 '이미지적 개념'이다. 기업의 이념을 상징적으로 표현한 CI나 제품의 무형적인 가치를 나타내는 브랜드(brand) 등이 여기에 포함된다. 세 번째 개념은 다른 분야와 조화롭게 어우러진 디자인의 '조화적 개념'이다. 그리고 이 모든 것을 포함하는 마지막 개념은 인간이 목적을 가지고 행하는 모든 행위, 즉 가치를 부여할 수 있는 모든 것을 '디자인'으로 정의하는 광의의 개념이다.

이 가운데 혁신을 현실화하는 방법론으로서의 디자인, 즉 기업에서 실행하는 모든 비즈니스 과정을 디자인적인 시각으로 사고하는 것은 마지막 개념에 해당한다. 이런 관점을 확장하면 한 나라를 운영하는 일에도 디자인을 접목할 수 있다. 토니 블레어(Anthony Charles Lynton Blair) 전 영국 총리가 위기에 처한 영국을 부흥시키기 위해 '창의적 산업(creative industry)'의 육성을 강조하면서 국가 차원에서 디자인과 디자인산업을 지원하는 정책을 펼친 것이나 한국의 김대중 정부가 위기를 극복하기 위해 개혁과 혁신을 주장하며 디자인을 강조한 것은 따지고 보면 시대의 요구에 부응한 결과라고 할 수 있다.

디자인이 구체적인 물질세계에서 추상적인 정신세계까지 포괄할 수 있는 이유는 그것이 '창조성'을 근간으로 삼고 있기 때문이다. 다만 이렇게 디자인의 개념을 분류하는 것은 디자인을 논할 때 관심 분야와 활동 영역이 다른 이들이 서로의 이해를 돕기 위함일 뿐이지 앞서 말한 것처럼 다른 개념을 대체하거나 옳고 그름을 나타내기 위한 것은 아니다.

예를 들어 하나의 서비스를 개발할 때 우리는 상황에 따라 위의 범위를 적절히 사용해야 한다. 맨 처음 어떤 서비스를 개발할지 선택하는 전략적 판단 단계에서는 새로운 가치를 창출하는 디자인의 '혁신적 개념'을, 문화나 기술 등과 함께 디자인에 담고자 하는 가치를 실현하기 위해서는 '조화적 개념'을, 제품에 무형의 가치를 부여하는 브랜딩 과정에서는 '이미지적 개념'을, 마지막으로 실제 제품을 개발하는 단계에서는 '시각적 개념'을 적용해야 한다. 디자인 프로세스에서 이런 개념들을 선 긋듯 명확하게 구분할 수 있는 것은 아니지만, 디자인에 대한 공통의 이해가 전제되지 않으면 기업을 운영하는 최고경영자(Chief Executive Officer, CEO)부터 제품을 직접 디자인하는 디자이너에 이르기까지 의사소통 과정에 혼선이 일어날 수밖에 없다.

제조에서 서비스로

전 세계적으로 '경제의 서비스화(shift to service)'가 급속도로 진행 중이다. 이는 산업 구조가 제조 중심에서 서비스 중심으로 변형(transforming)되고 있다는 말이다. 산업혁명이 일어나 대영제국의 번영을 구가하던 영국에서도 국내총생산(Gross Domestic Product, GDP) 가운데 차지하는 서비스산업 비중이 76.2%에 달하고, 아직까지 전 세계 초강대국의 지위를 누리고 있는 미국도 76.5%를 차지하는 등 주요 선진국의 서비스산업 비중은 GDP의 70%를 상회한다. 이러한 현상은 국가별 서비스산업의 고용 비중이 미국은 78.8%, 영국은 76.7%, 프랑스는 73.8%에 달하는 것을 통해서도 확인해볼 수 있다.

국가별 서비스산업의 GDP 비중
출처: 『서비스산업 선진화 방안』, 2008, 기획재정부

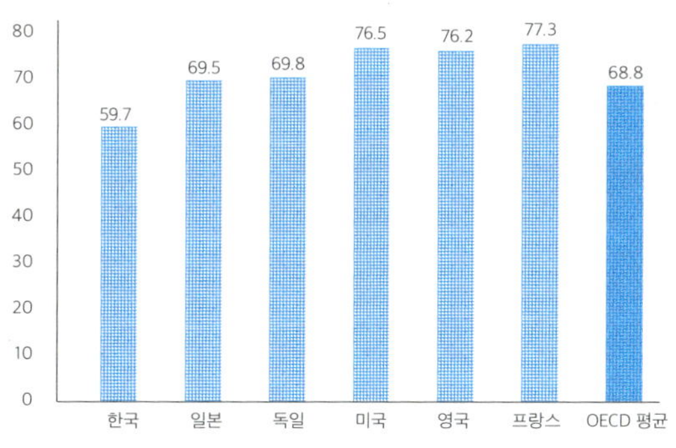

국가별 서비스산업의 고용 비중
출처: 『서비스산업 선진화 방안』, 2008, 기획재정부

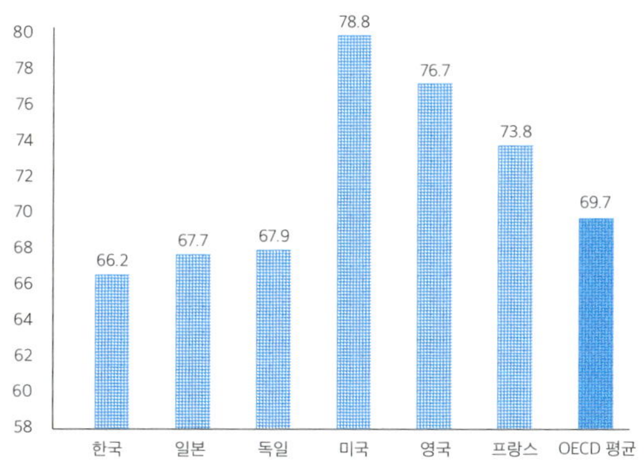

이러한 추세는 비단 세계적인 현상만은 아니다. 지금까지 한국 경제의 괄목할 만한 성장은 1970년대와 1980년대를 거쳐 급속하게 발전해온 제조업이 주도해왔다. 여전히 한국의 철강과 자동차, 반도체 등의 제조업은 그 위세가 꺾일 줄 모르며 치열한 경쟁을 거쳐 세계시장 속에서 꾸준히 한국의 성장을 견인해 가고 있는 것이 사실이다. 그 결과 한국은 경제협력개발기구(Organization for Economic Cooperation & Development, OECD) 국가 가운데 GDP에서 제조업이 차지하는 비중이 1위인 국가로 조사되고 있다. 하지만 분명한 것은 산업을 제조, 서비스, 기타로 구분했을 때 제조업의 비중이 꾸준히 감소하고 있다는 점이다. 반면에 서비스산업은 소비, 생산, 고용 등의 지표에서 뚜렷한 상승세를 보이며 한국 경제에서 차지하는 비중(2008년 기준으로 국내 서비스산업의 부가가치 규모는 약 515조 원으로 제조업의 2배)이 날로 높아지고 있다.

2012년 현재 한국 경제에서 서비스산업이 GDP에서 차지하는 비중을 살펴보면 2008년을 기준으로 60.3%로 2000년의 57.3%에 비해 3% 높아졌고, 제조업의 28.1%, 기타 산업의 11.6%와는 그 격차가 날로 커지는 것을 볼 수 있다. 또 전체 취업자 가운데 서비스산업 종사자가 차지하는 고용 비중은 GDP보다 더욱 빠른 상승세를 보여 2000년 61.2%에서 2008년에는 67.6%로 8년 만에 6.4%가 증가(제조업의 4배 수준)했다. 그 영향력이 점차 감소하는 제조업과 기타 산업의 고용 비중과는 그 격차가 점점 더 커지며 한국 경제에서 서비스산업이 차지하는 중요성과 한국 경제가 빠르게 서비스산업으로 재편되고 있다는 사실을 알 수 있다.

전 세계 서비스 시장 규모는 3조 7,313억 달러에 달하나 한국의 서비스 수출액은 738억 달러로 그 점유 비중이 1.98%에 불과하고, 상품수지와 달리 서비스수지는 만성적인 적자 상태이며, 그 규모도 2000년 28억 달러에서 2008년에는 167억 달러로 확대되는 추

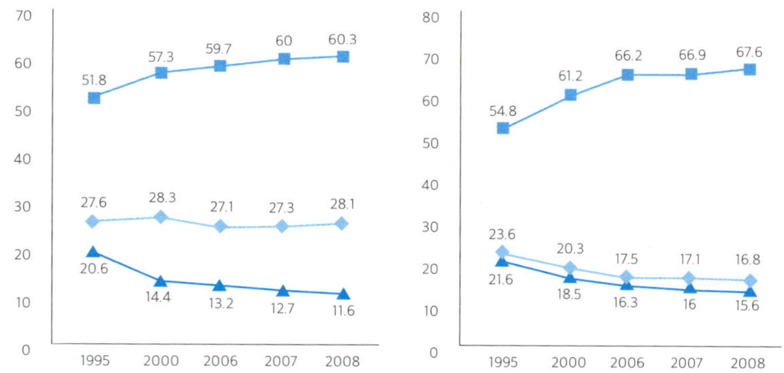

세이다. 한국의 서비스산업이 외형적으로는 성장하고 있음에도 선진국에 비해 경제 기여도는 사실상 미흡한 상황이다. 또한 서비스산업의 GDP 비중과 고용 비중에서 선진국에 크게 뒤처지고, 특히 노동생산성은 선진국의 절반에 불과하다.

'서비스'라는 말이 광범위하게 사용되고 있음에도 서비스가 한국 경제와 산업에 끼치는 영향력과 중요성이 간과되고 있는 것이 사실이다. 국내에서 서비스산업이라고 하면 흔히 도소매 및 음식·숙박업 등 고객이 종업원에게 직접 서비스를 받는 저부가가치 업종의 한정된 산업만을 떠올리지만, 서비스산업은 통신, 금융, 보험, 물류, 의료 등 각종 대규모의 고부가가치 산업을 포함할 뿐 아니라, 정부기관에서 담당하는 우편, 행정, 법률, 국방, 치안, 소방, 교육 등의 분야와 사회 비영리 분야에서 담당하는 종교, 재단, 예술, 문화, 환경 등도 포함해 그 범위와 영역이 매우 광범위하다.

서비스와 서비스디자인

전 세계 타일 카펫 시장의 35%를 차지하는 인터페이스(Interface)의 설립자 레이 앤더슨(Ray Anderson)은 폴 호켄(Paul Hawken)의 『비즈니스 생태학(The Ecology of Commerce Revised Edition: A Declaration of Sustainability)』을 읽고, 낡은 카펫을 버려온 지금까지의 방식이 얼마나 커다란 낭비이며 비도덕적인지 깨달았다. 호켄은 그때까지 고수해온 경영 방식을 전면적으로 수정해 지속 가능한 발전을 실현하기 위한 다양한 방법을 모색하기 시작했다. 그는 기존의 롤 형태의 카펫 대신 일정한 크기의 장방형 카펫 모듈을 개발해 카펫을 고객의 집이나 사무실에 설치한 뒤 낡은 부분만을 교체하는 방식을 도입했다. 매달 고객이 요금으로 일정액을 내면 정기적으로 고객의 집이나 사무실을 방문해 카펫을 최상의 상태로 관리해 주는 것이다. 또한 그는 낡은 카펫을 효율적으로 재활용하는 방법을 연구했다. 카펫을 설치할 때 접착제를 사용하지 않는 등 '녹색 경영(green management)'을 내세워 미국의 100대 모범 친환경 기업으로 선정되었다.

인터페이스는 제품 중심의 기업이 앞으로 나아가야 할 방향을 제시하는 하나의 모범 사례로 꼽힌다. 『요람에서 요람으로(Cradle to Cradle)』를 쓴 윌리엄 맥도너(William McDonough)와 미하엘 브라운가르트(Michael Braungart)는 "우리가 사용하는 모든 생산물은 쓰다가 버릴 물건이 아닌 서비스로 생각해야 한다."라고 주장했다. 불교에서 말하는 '무소유'의 자본주의 버전을 떠올리게 하는 이 말은 환경오염과 생태계 파괴로 갈수록 심각해지는 인류의 생존 문제에서 비롯된 것이지만, 미래의 기업 전략에 대한 중요한 통찰력을 담고 있다. 미래의 기업은 이제 '제품'이 아닌 '서비스'를 판매해야 한다.

자동차 회사로 익숙한 제너럴모터스(General Motors, GM)는 사실 보험, 은행, 대출 등 금융 서비스를 담당하는 거대한 사업부를 소유하고 있다. 2004년 연차보고서에 따르면 GM은 총수익 1,935억 달러라는 실적을 올렸지만, 자동차 부문에서는 오히려 9,500만 달러의 적자를 기록했다. 금융 서비스 사업부에서 29억 달러 정도의 부채를 인수했음에도 손실이 발생한 것이다. 만일 부채를 인수하지 않았다면 자동차 부문의 손실은 무려 30억 달러에 달했을 것이다.

　　GM의 서비스 사업 가운데에는 자동차 보안과 커뮤니케이션, 진단 시스템을 제공하는 '온스타(OnStar)'라는 텔레매틱스(telematics) 서비스가 있다. 이 서비스를 이용하기 위해서는 매년 300달러 정도의 비용을 내야 하는데, 앞으로 GM의 모든 자동차에는 이 서비스가 기본적으로 제공될 예정이다. 만일 GM의 자동차를 구매하는 고객의 50%가 이 서비스에 가입한다면 온스타로 발생하는 수익은 매년 20억 달러까지 치솟을 것으로 예상된다. 이처럼 세계 시장을 이끄는 거대 제조 회사조차 성공적인 차별화와 지속적인 수익 창출의 해답을 서비스에서 찾고 있다.

　　서비스에 대한 정의는 헤아릴 수 없이 많다. 그 가운데 미국 마케팅협회(American Marketing Association, AMA)에 따르면 서비스는 '상품 판매를 목적으로 제공하거나 이와 관련한 각종 활동과 편익'으로 정리할 수 있다. 여기에서 우리는 서비스를 재화의 흐름과 연결해 파악하려는 현대 사회의 욕망을 느낄 수 있다. '서비스'를 곧이곧대로 번역하면 '봉사'가 되겠지만 우리는 일상생활에서 둘을 같은 의미로 사용하지 않는다. 서비스를 관습적으로 요약한 정의는 서비스디자인의 관점에서 그다지 도움이 되지 않는다.

　　노스웨스턴대학교의 교수이자 마케팅학 석학인 필립 코틀러(Philip Kotler)는 "서비스는 한 집단이 다른 집단에 제공하는 활동이나 이득을 말한다. 서비스는 근본적으로 형태가 없고 소유권을 동반하지도 않는다. 또한 유형의 상품과 함께 또는 독립적으로 제공되기도 한다."라고 정의했다. 우리가 논의하는 서비스디자인은 기업뿐 아니라 정부기관이 담당하는 우편, 행정, 법률 분야나 사회 비영리 단체에서 담당하는 종교, 재단, 환경 등의 분야까지 포괄해야 한다는 점에서 서비스에 대한 좀 더 폭넓은 관점에서의 정의가 필요하다.

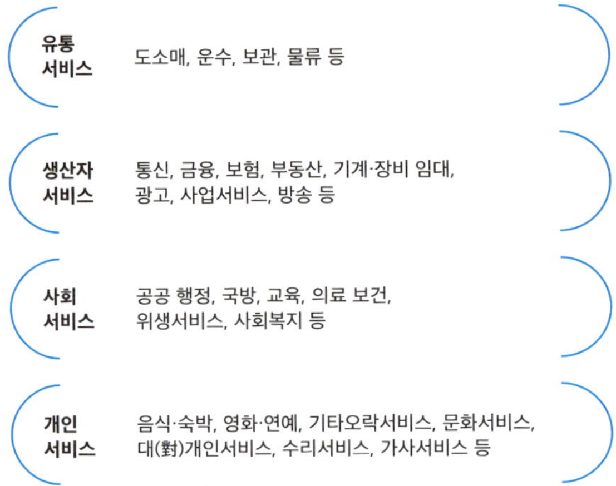

요아힘 징겔만
(Joachim Singelmann)의
서비스산업 분류 체계
출처: 로널드 쉐트카트 & 라라
요카리니(Ronald Schettkat & Rara
Yocarini), 2005

사실 서비스산업의 확대는 20세기 초부터 지속된 현상으로 새삼스러운 일이 아니다. 하지만 21쪽의 산업 비율을 단순화한 그래프를 보면 간과해선 안 될 것이 있다. 산업 구조가 수학적 비율에 따라 변하는 것이 아니라는 사실이다. 예를 들어 가발을 만들던 제조업자가 기울어가는 사업에 한숨 쉬며 기존의 사업과 전혀 다른 서비스업에 뛰어드는 식으로 변하는 것은 아니라는 말이다. 가발 제조업자는 고객에게 맞춤 가발 서비스를 제공하기 시작하거나 앞에서 말한 인터페이스의 사례처럼 가발 자체를 판매하는 대신 리스 형식(사용료를 받고 어떤 물건을 타인에게 빌려주는 일)의 서비스로 사업 형태를 전환할지도 모른다. 다시 말해 전통적인 의미의 2차 산업과 3차 산업 사이의 경계선이 허물어지고 있는 것이다.

제품 위주의 기업을 예로 들면 LG전자나 삼성전자 등의 가전

제품 회사나 현대자동차, 기아자동차, 르노삼성자동차 등의 자동차 회사도 제품을 생산하고 판매하는 데 그치지 않고, 판매 전 자동차 전시를 위한 전시장이나, 판매 후 수리를 위한 서비스센터를 마련하는 등 서비스 활동을 제조업에서 적극적으로 도입하고 있음을 알 수 있다. 또한 고객의 다양한 요구에 발맞추어 육아, 청소, 요리 등을 대신 해주는 새로운 서비스업이 생겨났으며, 이제 그 영역이 여가 및 레포츠 등 다양한 서비스산업으로 확대되고 있다.

기업뿐 아니라 정부, 재단, 학교 등의 비영리 조직에서도 그들의 본질적인 활동과 서비스 활동을 병행하고 있다. 지금까지 강조했듯 미래에는 '서비스'를 판매해야 한다. 농사를 짓는 농가는 물론 반도체를 만드는 기업도 서비스를 도입해야 하는 시대가 온 것이다. 이러한 상황에서 사람들이 주목하는 것이 바로 '서비스디자인'이다. 경영과 마케팅 기법으로 유지되던 기존의 서비스에 혁신의 바람이 불어오고 있다.

'서비스디자인'이라는 개념은 영국에서 싹텄다. 제조업에서 제품의 형태와 외관을 디자인하는 것을 '제품디자인(product design)'이라고 하는 것처럼 초창기에는 교육, 교통, 보건 등의 공공서비스산업에 적용하는 디자인을 흔히 '서비스디자인'이라고 불렀다. 지금은 공공서비스를 넘어 '기업을 포함한 모든 서비스 부문에서 요구하는 디자인'을 포괄하는 용어로 의미와 개념이 확장되었다.

사실 '서비스디자인'이란 말은 서비스 계획과 설계를 의미하는 경영학 용어로 서비스 공간을 의미하는 '서비스스케이프(servicescape)'나 각종 유형적(有形的) 서비스 요소를 언급하는 '물리적 증거(physical evidence)'와 비슷한 의미로 지금까지 사용되고 있다. '서비스디자인'은 경영학에서 서비스의 무형적(無形的) 특성을 극복하려는 목적으로 사용되었다. 또한 서비스를 개발하는 기업에서 디자인의 유형적 특성이 강조되고, 그 과정에 디자이너의 참여가 활발해지면서 영국의 디자인카운슬(Design Council)을 중심으로 그 연구가 디자인계에까지 널리 확산되었다.

서비스디자인은 학문적으로는 아직 연구나 이론 정립 등이 활발하지 않은 상태이다. 대신 기업의 실질적인 요구에 따라 실무에서 일하는 전문가들이 서비스디자인의 개념을 조금씩 정립해 적용하고 있다. 하지만 컬럼비아대학교(Columbia University)의 베른트 슈미트(Bernd Schmitt) 교수와 조지타운대학교의 알렉스 시몬슨(Alex Simonson) 교수 등이 도입한 '미학적 마케팅(marketing aesthetics)'이나 '체험 마케팅(experiential marketing)' 등에서 서비스디자인과 유사한 개념이 강조되었고, 이런 연구가 서비스디자인에 대한 개념적인 접근을 가능하게 했다고 할 수 있다.

지금은 영국의 리브워크(Live|work)나 엔진(Engine), 미국의 아이디오(IDEO), 컨티뉴(Continuum), 피어인사이트(Peer Insight) 등의 디자인 전문 회사에서 서비스디자인의 개념을 조금씩 정립해가며 컨설팅을 통해 서비스디자인을 기업의 실무에 적용하고 있는 단계이다. 먼저 여러 디자인 전문 회사가 정의하는 서비스디자인에 대해 살펴보자.

서비스디자인은 고객이 다양한 경험을 할 수 있도록 시간의 흐름에 따라 고객이 다다르게 되는 다양한 터치포인트(touchpoint)를 디자인하는 것이다.

리브워크
www.livework.co.uk

서비스디자인은 훌륭한 서비스를 개발해 고객에게 제공하도록 돕는 전문 분야이다. 서비스디자인 프로젝트는 환경디자인, 커뮤니케이션디자인, 제품디자인 등 디자인의 여러 분야를 포괄해 고객이 서비스를 쉽고, 만족스럽고, 효율적으로 누릴 수 있도록 각 요소를 개발하는 프로젝트이다. 더욱 중요한

엔진
www.enginegroup.co.uk

것은 이 서비스를 개발하는 것이 누구인지 고객에게 각인시
키는 것이다.

컨티뉴
www.continuuminnovation.com

서비스디자인은 고객과의 인터랙션(interaction)과 서비스
환경을 디자인함으로써 최종적으로 고객의 경험을 디자인하
고, 나아가 브랜드 메시지를 전달하는 활동이다.

피어인사이트
www.peerinsight.com

서비스디자인은 서비스 혁신을 위해 커뮤니케이션, 공간, 행
동, 사람, 사물, 도식 등 서비스를 이루는 유·무형의 요소를
총체적으로 배열하고 리서치에 근거해 디자인하는 것이다.

한편 기관 및 단체로서 영국의 디자인카운슬과 2011년 11월 한국에
설립된 서비스디자인협의회가 서비스디자인에 대해 내린 정의는 다
음과 같다.

디자인카운슬
www.designcouncil.org.uk

서비스디자인은 유용하고, 사용 가능하고, 효과적이고, 효율
적이고, 매력적인 서비스를 만들기 위한 모든 것이다.

서비스디자인협의회
www.servicedesign.or.kr

서비스디자인이란 고객이 서비스를 통해 경험하는 모든 유·
무형의 요소(사람, 사물, 행동, 감성, 공간, 커뮤니케이션, 도
식 등) 및 모든 경로(프로세스, 시스템, 인터랙션, 감성 로드
맵 등)에 대해 고객 중심의 맥락적인(contextual) 리서치 방
법을 활용해 이해관계자(stakeholder) 간에 잠재된 요구를
포착하고, 이를 창의적이고 다학제적·협력적인 디자인 방법
을 통해 실체화(embodiment)함으로써 고객 및 서비스 제공
자에게 효과적이고 효율적이며 매력적인 서비스 경험을 향상
시키는 방법 및 분야이다.

독일의 쾰른국제디자인대학(Köln International School of Design)의 교수이자 서비스디자인네트워크(Service Design Network, SDN)의 창립 회원으로 활동 중인 비르기트 마게르(Birgit Mager) 교수가 말하는 서비스디자인은 다음과 같다.

> 서비스디자인은 고객의 관점에서는 유용하고, 사용 가능하고, 매력적이어야 하며, 공급자의 관점에서는 효과적이고 효율적이며 독특한 서비스 인터페이스를 만드는 것을 목적으로 해야 한다.

비르기트 마게르
Birgit Mager

디자인이나 서비스에 관한 해석과 적용은 인종, 문화, 환경과 매우 밀접한 관계를 맺고 있기 때문에 나라나 문화권마다 서비스디자인의 의미는 조금씩 다를 것이다. 또한 현재 국내외에 서비스디자인에 대한 이론적 연구와 실무적 접근이 디자인, 경영, 산업공학, 서비스사이언스, HCI 등 다양한 분야에서 이루어지고 있기에 현재 합의된 정의나 이론은 없는 상태라 할 수 있다. 하지만 이 책에서 말하고자 하는 '디자인 중심의 서비스디자인(design centered service design)'에 대한 이론과 현재까지 널리 알려진 그 다양한 의미를 참고해 우리 실정에 맞는 서비스디자인의 정의를 내리면 다음과 같다.

표현명, 이원식

서비스디자인은 서비스 제공자가 기존 디자인의 의미를 확장시켜 의도적으로 서비스 소비자가 서비스를 통해 접촉하는 모든 유·무형적 요소 및 경로를 구체적이고 물리적으로 디자인함으로써 서비스 제공자에게는 이익을, 서비스 소비자에게는 가치를 가져다주는 활동과 분야이다.

결국 서비스디자인은 시대와 환경의 변화에 따라 디자인에 새롭게 부여된 개념이라고 할 수 있다.

서비스디자인과 제품디자인의 차이

서비스디자인은 고객이 경험하게 될 모든 접점을 통합적이고 총체적으로 디자인하는 것이다. 고객과 종업원, 그들을 둘러싼 환경 사이에 어떤 인터랙션이 일어날지 예측하고 그 과정을 원활히 하는 활동이기도 하다. 서비스는 형태가 있는 제품과는 달리 그 성질이 판이하고 복잡하기 때문에 이를 위해서는 기존의 제품 지향적인 방법과는 다른 해결책이 필요하다. 바로 여기에서 디자인의 힘이 요구된다.

제조 중심 기업과 달리 서비스 중심 기업에서는 디자인적인 사고와 방법이 더욱 유용하고 광범위하게 사용될 수 있다. 그럼에도 서비스를 제공하려는 기업들은 고작 인쇄 광고나 안내서, 웹사이트를 만들기 위해 그래픽디자이너나 웹디자이너를 고용하는 것 외에는 디자인에서 별다른 시도를 하지 않는다. 이제 기업은 서비스 혁신을 주도해야 하며, 이를 위해 서비스디자인에 더욱 많은 관심을 가지고 투자를 해야 한다.

제품 광고의 예에서 보는 바와 같이 제품이 소구(訴求, appeal)하는 것은 분명하고 명확하다. 물리적인 공간을 점유하고 있어 눈으로 볼 수 있으며, 만지고 작동시켜봄으로써 고객은 그 제품이 무엇인지 확실히 파악할 수 있다.

반면 법률, 호텔, 보험 등의 서비스 광고는 그 대상이 눈에 보이지 않아 고객에게 직접 보여주기에 어려움이 있다. 고객에게 직접 전달할 수 있는 무언가가 없기 때문이다. 그 무엇을 어떻게 전달할 것인가? 이것이 서비스가 지닌 어려움이다.

제품을 디자인할 때에는 일반적으로 제품 형태의 외양이나 심미성에 주의를 기울인다. 서비스디자인은 형태의 심미성을 넘어 디자인된 유형(有形)의 증거물이 고객의 감성에 어떤 영향을 미칠지, 무엇이 어떤 경험을 통해 전달될지에 중점을 둔다. 다시 말해 서비스디자인은 기업이 제공하고자 하는 서비스가 무엇이고, 왜 개발하고자 하는지, 고객은 서비스에서 무엇을 기대하고 얻게 될 것인지에

제품 광고의 예

메르세데스벤츠(Mercedes-Benz)의 자동차

브리지스톤(Bridgestone)의 타이어

로렉스(Rolex)의 시계

서비스 광고의 예

쉐퍼드 멀린(Sheppard Mullin)의
법률서비스

서울팔래스(Seoul Palace)의
호텔서비스

삼성생명(Samsung Life Insuarance)의
보험서비스

대한 전반적인 이해를 바탕으로 시작된다. 이를 토대로 서비스디자이너는 디자이너 특유의 창의력과 상상력으로 서비스를 디자인한다.

서비스디자인을 위해서 제품디자인과 달리 서비스 기획자와 디자이너, 더 나아가 서비스 중심 기업이 주목해야 하는 중요한 요소가 바로 '터치포인트'이다. 터치포인트란 하나의 서비스에서 고객이 서비스와 만나는 접점을 의미한다. 이 용어는 단순히 고객이 서비스와 '접촉(touch)'한다는 의미는 물론, 고객을 '감동(touch)'하게 한다는 의미도 포함한다는 점에서 서비스디자인의 대상과 목적을 적절하게 함축한다. 또한 광고나 매장 디스플레이 같은 유형의 디자인뿐 아니라 고객 경험 등 무형의 요소까지 포괄한다는 점에서 서비스디자인의 개념을 잘 나타낸다. 이런 관점에서 우리는 일반적으로 서비스를 '한 기업이 고객과 만나는 접점에서 벌어지는 모든 일'이나 기업이라는 말을 빼고 '고객이 경험하게 되는 모든 서비스 접점을 총체적으로 디자인해놓은 것'으로 정의할 수 있다.

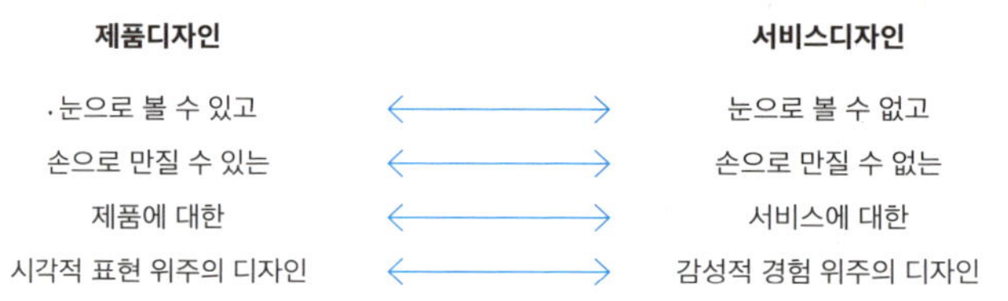

제품디자인과
서비스디자인의 차이

서비스디자인은 고객과 만나는 모든 터치포인트를 개발하고 디자인하는 것이다. 그러나 제품과는 달리 고객과의 접점만 디자인하는 것이 아니라 서비스 기회를 찾아내고 그 역할을 하는 맥락과 프로세스를 포함한다는 점이 다르다고 할 수 있다. 이렇듯 터치포인트는 고객에게 서비스 경험을 전달하는 것은 물론 그것이 어떻게 조직의 시스템 및 프로세스와 연결되는가 하는 문제와도 관계가 있다. 왜냐하면 서비스디자인은 과정의 순간순간을 디자인하는 동시에 프로세스 전체를 디자인하는 것이기 때문이다.

　　백화점을 디자인한다고 가정해보자. 전통적인 개념의 디자인은 매장, 음악, 조명, 카탈로그, 디스플레이 등 단편적인 것을 디자인하는 것에 초점을 둔다. 하지만 서비스디자인은 고객에게 각각의 요소가 어떻게 전달되고 어떤 역할을 하는지 포괄적으로 이해해 전반적인 쇼핑의 질을 향상시키는 프로세스에 관심을 갖는다. 우편 서비스에서는 어떨까? 전통적인 개념의 디자인은 우편 서비스가 일어나는 장소인 우체국이나 각종 서비스 브랜드, 우표를 디자인하는 등 그 역할이 단편적이지만, 서비스디자인은 고객이 우체국에 들어가는 것에서부터 그 안에서와 우체국에서 나올 때까지 경험하는 모든 서비스를 디자인하는 것으로 그 역할의 범위가 확대된다.

경영학의 세계적 권위자인 톰 피터스는 저술 및 강연 활동을 통해 기업에서 디자인의 중요성과 역할을 수없이 강조한 사람 가운데 하나이다. 그는 저서 『디자인(Design)』에서 '디자인'을 다음과 같이 설명한다.

> 1999년 인터내셔널디자인(International Design)이 처음으로, 또 지금까지 유일하게 미국 최고의 디자인 중심 기업 400곳을 발표했다. 그 리스트에는 당연히 애플(Apple)과 캐터필러(Catterpillar, CAT), 질레트(Gillette), IBM, 3M 등이 포함되어 있었다. 그런데 흥미롭게도 서비스 기업이 리스트의 절반을 차지했다. 아마존닷컴(Amazon.com), 블룸버그(Bloomberg), 페덱스(FedEx), CNN, 디즈니(Disney), 마사 스튜어트(Martha Stewart), 니켈로디언(Nickelodeon), 뉴욕양키스(New York Yankees) 등이다. 디자인은 물건뿐 아니라 서비스에 관한 것이다. 나아가 기업 외부의 서비스만이 아니라 내부의 서비스에 관한 것이며, 따라서 구매 부서와 훈련 부서, 재정 부서도 디자인과 뗄 수 없는 관계에 있다.

불과 얼마 전까지 우리는 산업사회에서 살았다. 이때는 제품이 시대를 주도했으며, 제품을 사고파는 것이 산업의 대부분을 차지했다. 이러한 경제 판도는 오늘날 변화했다. 서비스가 경제의 생산과 고용의 대부분을 차지하는 서비스 사회, 이와 관련된 경험 경제, 체험 사회가 지금 우리가 살고 있는 시대의 현주소가 된 것이다. 그렇다면 지금까지와는 달리 디자인 역시 우리 산업과 경제에서 기여해야 할 역할과 기능도 달라져야 할 것이다.

기업을 차별화하기 위한 네 가지 주요 방법으로 필립 코틀러는 제품 차별화(product differentiation), 서비스 차별화(service differentiation), 인적 차별화(personnel differentiation), 이미지 차별화(image differentiation)를 꼽았다. 날마다 새로운 기술 혁신으로 기술적인 측면의 차별화가 쉬워지고 있는 상황에서 제품을 차별화하는 것은 더는 도전 과제가 될 수 없다. 이제 남은 것은 서비스와 브랜드, 디자인과 같은 무형의 자산이다. 비즈니스 전쟁에서 승리하기 위해 우리에게 필요한 것은 이들을 활용한 소프트 경영(soft management)일 것이다.

한국뿐 아니라 전 세계에서 서비스산업의 역할이 중요해짐에 따라 서비스 전략을 기업의 지속 성장을 위한 경영 전략으로 채택한 기업이 점차 늘어나고 있다. 특히 서비스를 본원적(本源的)으로 다루는 서비스 중심 기업뿐 아니라 제조업에서도 제품 경쟁력을 높이기 위해 서비스를 도입해 성공한 사례가 늘어나면서 제조업에서의 서비스 도입과 활용이 획기적인 경쟁 전략으로 여겨지고 있다.

서비스는 오늘날 전 세계 경제의 가장 중요한 부분을 차지하

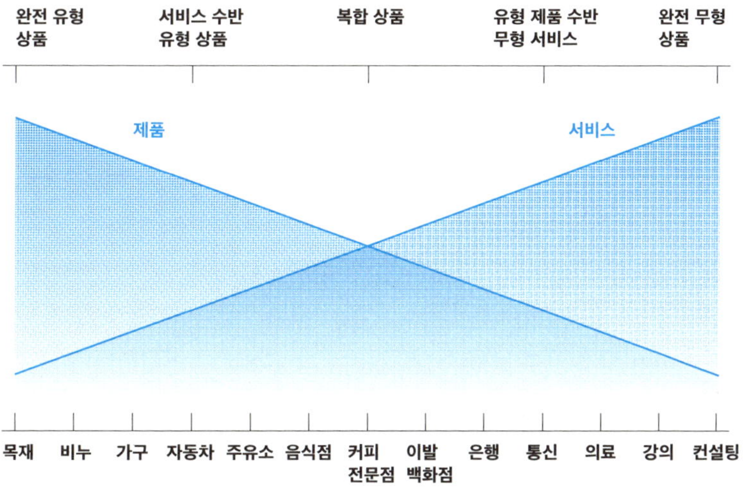

고 있다. 그럼에도 아직 많은 기업이 '혁신'이라고 하면 '제품 혁신(product innovation)'만을 생각한다. 대부분의 회사 경영진에게 "어떤 혁신이 회사의 매출 증가에 도움이 될 수 있을까요?"라고 묻는다면 이들 가운데 대부분이 애플의 아이폰(iPhone)이나 BMW의 신형 자동차를 마음속에 그리며 '제품 혁신'이라고 대답할 것이다. 하지만 시대의 트렌드를 읽고 지속 가능한 것을 중시하는 사람이라면 그 순간 '서비스 혁신(service innovation)'을 떠올려야 한다. 아직도 경영인 대부분의 머릿속은 지금까지 세계의 산업 역사를 장식해온 '제품 혁신'이 장악하고 있기 때문에 기업이 살아남을 수 있는 혁신의 수단으로 '제품'만을 떠올린다.

매출에 기여하는 면에서나 관련 산업 종사자 수로 미루어 서비스의 성장세와 중요성이 크다는 데에 이의를 제기하는 사람은 없을 것이다. 그러나 현실을 살펴보면 새삼 놀랄 수밖에 없다. 제품을 개발하는 데에는 막대한 비용을 투입하지만, 서비스를 개발하고 유지하는 데에는 과연 비용을 얼마나 투입하고 있는가? 나올 제품은 모두 나왔다. 나왔다고 해도 다른 제품과 다를 것이 없다. 이렇듯 제품은 이미 포화 상태에 있다. 하지만 서비스는 그 개발 프로세스가 아직 정립되지 않은 만큼 서비스로 할 수 있는 것들이 무궁무진하다. 기업이 만일 서비스를 디자인하는 데 지금보다 큰 비용을 투입한다면 제품 개발에 쏟는 비용에 비해 적은 비용으로도 큰 효과를 낼 수 있는 것은 당연할 것이다.

여러분이 서비스 분야에서 수익사업을 하고 있다면 여러분이 제공하는 서비스가 고객들에게 그 서비스가 경험해볼 만한 가치가 있고, 돈을 내기에 아깝지 않다는 것을 보여주어야 한다. 기업이 제공하는 서비스에서 더 멋진 경험을 하고 이를 소비하는 데 아깝지 않다는 것을 고객이 느끼게 된다면 기업은 더 높은 이익과 이득을 얻게 될 것이다. 서비스가 수익사업을 하지 않는 공공서비스라면 수

익에 관심을 두지 않아도 되겠지만, 분명한 것은 고객들은 좋은 서비스 경험을 통해 기업에 대한 긍정적인 이미지를 가지게 될 것이다.

오늘날 세계 산업의 전반적인 변화로 미루어 성장 잠재력은 제조업이 아닌 서비스산업에서 기대할 수 있다. 매일 수많은 서비스가 개발되고 있지만 혁신적이고 지속 가능한 것은 일부분이다. 서비스는 제품을 구매하면 따라오는 것과 같이 단순히 일시적 이벤트로 생각할 뿐 아니라 제품과 달리 계획과 전략을 세워 막대한 비용을 투입해 설계할 필요가 없다고 여기는 경우도 적지 않다.

체계적인 서비스디자인 개발을 통해 기대 효과와 효용을 얻을 수 있음에도 개발의 어려움, 시장에서의 포지셔닝(positioning), 불확실한 성공 기준 등 정량적으로 판단하기 어려운 점들로 전략적인 서비스디자인 활동이 미진한 상태이다. 하지만 분명한 것은 서비스와 서비스디자인이 여러분의 회사와 조직에 가져다줄 잠재력과 가능성은 여러분이 생각하는 그 이상이라는 점이다.

SD Thinking 1
서비스디자인, 우리가 알고 있는 그 이상의 디자인

올리버 킹
Oliver King

영국에 소재한 서비스디자인 전문 컨설팅 회사인 엔진의
공동 설립자이자 디렉터로 일반 기업을 위한 서비스디자인
컨설팅을 담당한다. 20여 년의 서비스디자인 경험으로 오늘날
서비스디자인의 세계적인 개척자로 평가받고 있으며 전 세계를
대상으로 활발하게 저술과 강연 활동을 하고 있다.

나 혼자 그렇게 느끼는 것인지 모르겠지만 살아가는 일이 점점 더 복잡해지고 어려워지는 것 같다. 출생률 저하, 인구의 고령화, 지구 온난화, 세계 안보 위협과 같은 거창한 주제들이 우리 삶에 끼치는 영향은 차치하더라도, 지나친 공급으로 더 많아진 선택권, 따라잡을 수 없을 만큼 빠른 기술의 진보, 복잡해지고 어려워진 분야 간 융합 등 불과 얼마 전까지만 해도 간절히 바라던 것이 이제는 하루하루 일상 속에 너무 깊숙이 들어와 삶 자체를 힘들게 하는 듯하다. 그래서 우리는 우리가 다 이겨낼 수 없는 수많은 상황 속에서 조금이라도 쉽고 빠르게 빠져나오기 위해 서비스의 도움을 얻곤 한다. 누가 뭐라 해도 우리가 과거 제조 산업이 이끌던 부와 편리를 훨씬 능가하는 서비스 경제 사회에 살고 있는 것만은 분명하다.

서비스디자인은 어떤 조직의 근본적인 존재 이유와 고객이 원하는 것 사이에 괴리가 발생할 때 그 사이를 이어주는 역할을 하는 디자인의 한 분야이다. 어떤 조직의 활동이 고객의 욕구와 맞지 않는다면 조직의 존재 가치는 사라진다. 따라서 조직은 서비스디자인을 통해 고객에게 자신이 무엇을 하고 어떤 방식으로 하고 있는지를 효과적으로 알리고 또 이를 제공한다.

**국가별 GDP에서 차지하는
서비스산업의 비중**
출처: W.P.캐리스쿨오브비즈니스
(W. P. Carey School of Business)

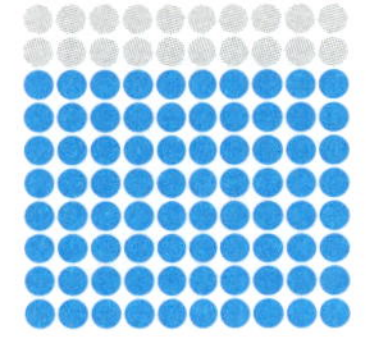

미국 80%

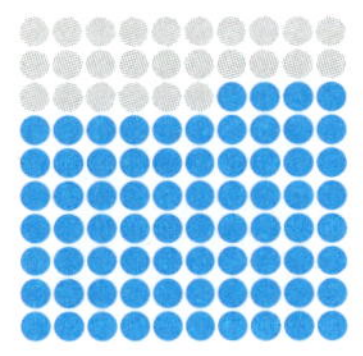

영국 74%

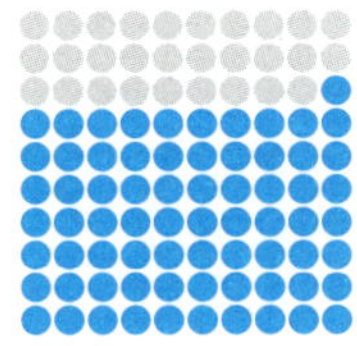

프랑스 71%

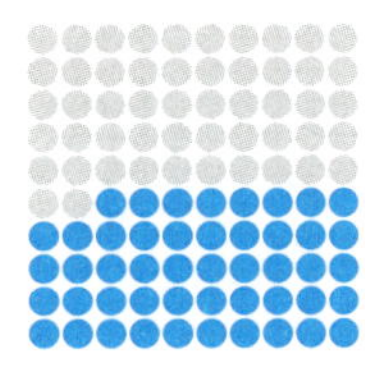

인도 48%

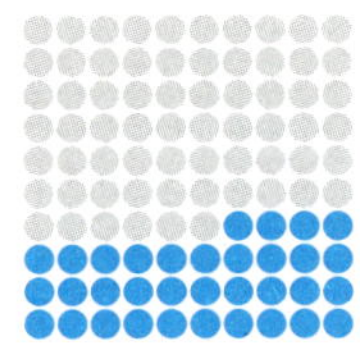

중국 34%

한편 서비스디자인은 일종의 프로세스이다. '서비스'를 누군가 무엇인가를 할 수 있도록 돕는 활동이라고 했을 때, 서비스를 사용하는 고객과 서비스를 제공하는 조직은 서비스디자인을 통해 무형의 가치를 얻는다.

서비스디자인은 비영리 조직보다 수익을 추구하는 기업과 같은 조직에서 더욱 중요하다. 고객을 행복하게 한다면 고객은 더욱 자주, 더욱 큰 비용을 들여서 기업의 서비스를 구매하려 할 것이다. 그렇다면 기업은 판매에 따른 비용도 줄일 수 있는 것은 물론이고 브랜드 선호도가 증가하는 기쁨을 누릴 수 있을 것이다. 또한 기업의 서비스를 효과적으로 고객에게 제공할 수 있는 방법을 찾는다면 고객 응대에 투입되는 비용 역시 줄어들 것이다.

이런 점은 비영리 조직에서도 마찬가지이다. 수익 창출이 비영리 조직의 목적이 아니더라도 공공서비스는 효과적이고 효율적으로 제공되고 운영되어야만 한다. 공공서비스를 이용하는 학생(교육 서비스), 환자(의료 서비스), 승객(교통 서비스) 등의 고객 역시 유용하고 편리하고 매력적인 서비스를 찾기 때문이다.

서비스는 가치를 창조하는 시스템이다. 여전히 서비스와 사용자의 관계에서 작용을 시작하는 것은 서비스이다. 물론 그렇다고 해도 사용자가 서비스를 일방적으로 받기만 하는 것은 아니다. 사용자는 서비스를 사용할 때나 사용한 뒤에도 서비스와 끊임없이 상호작용하며 서비스를 새롭게 창조하는 데 기여한다.

서비스는 서비스가 디자인되는 프로세스에서 반드시 고려해야 하는 사람(people), 프로세스(process), 자원(resources) 등의 복잡하고 동적인 하부 조직의 상호작용을 통해 생성된다. 이런 복잡성 때문에 서비스디자인을 연구하고 활용할 수 있는 틀을 제공하는 다섯 가지 주요 요소를 포함하는 모델을 다음과 같이 제시할 수 있다.

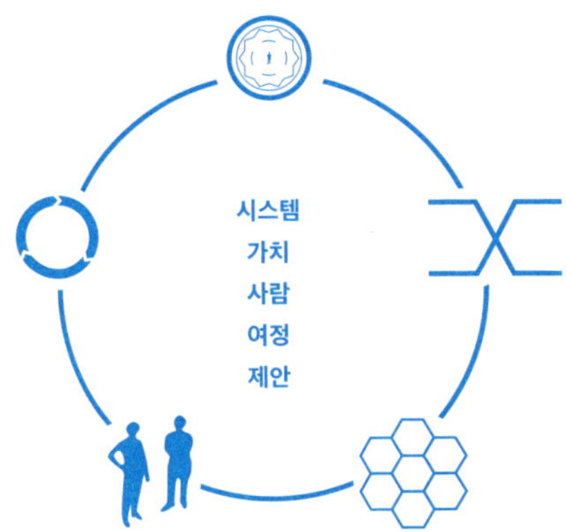

시스템(systems)

서비스는 사람, 사물, 프로세스로 이루어진 시스템을 통해 전달된다. 따라서 서비스디자인은 이러한 시스템에서 요소들을 어떻게 조화시키고 개선할지 탐색하고 이해해야 한다. 서비스 혁신은 이러한 시스템에서 고객이 일차적으로 인식하지 못하는 사이에 일어나는 욕구를 감지하고 이를 고객의 마음속으로 전달하는 과정에서 발생한다.

가치(value)

성공적인 서비스 상품은 서비스 사용자뿐 아니라 제공자에 의해서도 평가되어야 한다. 이런 맥락에서 서비스의 핵심 성과 지표는 어느 한 쪽에 치우쳐 있는 것이 아니다. 다시 말해 서비스 사용자를 모두 만족시켜야 한다. 서비스 사용자를 위해 제공되는 서비스는 유용하고 편리하며 매력적이어야 하고, 서비스 제공자를 위해서는 제공하려는 서비스의 시스템이 효율적이고 효과적이어야 한다.

사람(people)

사람은 대상이 서비스 사용자이건 제공자이건 간에 서비스 경험에

서 절대적인 요소이다. 서비스디자인을 위한 조사와 개발에 관여한
사람들의 적극적인 참여는 서비스를 디자인할 때 필수적인 요소로
반드시 고려해야 한다.

여정(journeys)

시간이 흐름에 따라 고객이 어떻게 서비스를 경험하는지 아는 것은
서비스 경험이 시작되기 전과 후를 비교할 수 있게 해 지속적인 서
비스 혁신을 가능하게 한다. 이 방법을 통해 서비스 경험이 고객에
게 일관적으로 제공되는지, 또 이를 고객이 혁신적인 것으로 받아들
이는지 확인할 수 있다.

제안(propositions)

시장에서 소비되고 차별화되는 상품으로서의 서비스와 이의 설비가
어떻게 설계 되는지와 이것이 현재 형태에서부터 과연 어떤 미래 비
전을 가지고 변화해 갈 것인가에 대해 이해해야 한다.

이런 서비스디자인의 다섯 가지 주요 요소에 대한 고려, 서비스디자인에 관
계하는 사람들의 높은 참여, 그리고 사용자 중심의 디자인 프로세스를 통해
서비스디자이너는 고객을 행복하게 하는 디자인을 명확하게 제안하고 조화
롭게 유지해 갈 것이다. 또한 서비스를 고객에게 잘 전달하기 위한 시스템과
프로세스, 그리고 고객들이 진정으로 원하는 것을 제공하기 위해 지속해서
노력할 것이다.

우리가 구매하는 모든 것, 우리가 행하는 모든 거래, 우리가
보는 모든 이미지는 누군가가 고안하고 디자인한 것이다.
따라서 모든 감각, 모든 맛과 감정을 최대한 잘 드러낼 수
있도록 디자인하려는 노력이 반드시 필요하다.

브라이언 스미스 Brian Smith
산업디자이너

2

서비스디자인
개념과 이론

서비스디자인의 배경과 개념

1997년 토니 블레어 전 영국 총리는 위기에 처한 영국을 다시 부흥시키기 위해 '창의적 산업'에 대한 육성을 강조하면서 국가 차원에서 디자인과 디자인 산업을 육성하기 시작했다. 인본주의적인 사상이 강한 국가인 만큼 디자인은 사회, 복지, 환경을 아우르는 범위로까지 확장되면서 '범죄 대응 디자인(design against crime)' '유니버설디자인(universal design)' '그린디자인(green design)' 등이 등장했다.

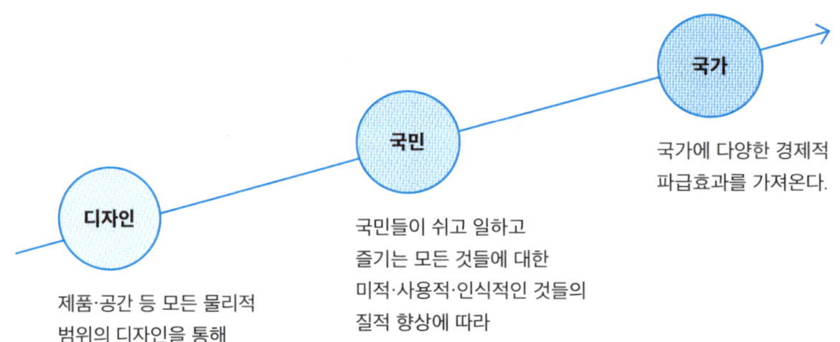

영국 정부에서 바라보는
디자인이 국가에 가져다주는
긍정적 이익

이러한 정치, 경제, 사회적 배경 속에서 산업혁명으로 전 세계를 이끌었던 영국에서조차 서비스산업 비중이 2008년 기준으로 영국 전체 GDP의 76.2%를 넘어서고, 고용 비중에서는 76.7%에 육박하면서 사회 전반적으로 서비스의 역할과 범위는 넓어지고 있다. 그 가운데 서비스디자인은 국가와 사회가 요구하는 디자인의 또 다른 역할로 등장한 개념이다.

　　서비스디자인은 '서비스'와 '디자인'이 합쳐진 합성어로서 서비스가 지닌 무형성, 이질성, 비분리성, 소멸성과 같은 특성을 디자인이 갖는 물리적·유형적·의미적·상징적인 특성과 결합해 서비스의 속성을 보다 자세하고 구체적으로 드러내기 위한 방법론이라고 할 수 있겠다.

서비스디자인의 개념에 대한 해석이 더욱 포괄적이고 광범위해지면서 그 범위는 보건, 의료, 행정, 국방, 치안, 복지와 같은 공공서비스 분야로까지 확산되고 있다. 또한 실제로 서비스디자인 활동이 활발하게 진행되면서 국가와 사회에 이바지할 수 있는 디자인의 또 다른 역할과 임무로 자리를 잡아가고 있다. 서비스디자인은 이제 이익 추구를 위한 기업과 상품에 적용되면서 더욱 널리 알려지고 있다.

서비스디자인의 개념

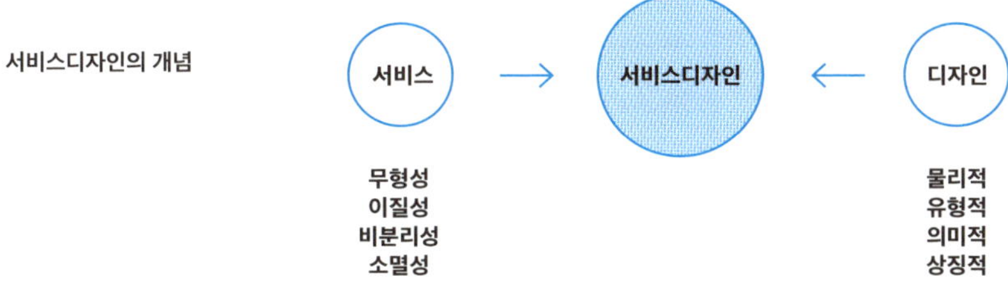

서비스디자인의 특징

무형성(intangible)

서비스디자인이 어려운 이유는 간단하다. 서비스는 그 특성상 기본적으로 눈에 보이지 않기 때문이다. 다시 말해 눈에 보이는 형태로 제시해 그 가치를 객관적으로 파악하거나 평가하기 어렵다는 뜻이다. 보이지도 않고 느껴지지도 않는 서비스는 당연히 소비되지 않는다. 따라서 서비스디자인의 최우선 과제는 형태가 없는 서비스를 유형화(有形化)해 그 가치를 고객에게 전달하는 것이다. 비근한 예로 한국의 기업들이 앞다투어 도입한 '브랜드 열풍'을 들 수 있다. 브랜드는 기업이나 상품의 추상적인 가치를 눈에 보이는 형태로 고객에게 전달한다는 점에서 서비스디자인의 핵심적인 요건에 해당한다. 굳이 브랜드가 아니더라도 은행이나 병원의 로비를 고급 호텔처럼 꾸미고, 통신 회사와 보험 회사에서 각종 상품에 알기 쉬운 이름을

영국의 낫웨스트 은행
영국의 주요 은행인 낫웨스트은행(NatWest Bank) 입구에서는 백화점에서나 볼 수 있는 '세일(SALE)'이라는 글자가 눈에 띈다. 이 시각 광고물에는 이자율이 낮은 대출 상품에 관한 내용이 실려 있다. 눈에 보이지 않는 금융 상품을 백화점에서 파는 유형의 상품처럼 디자인해 고객이 복잡하고 까다롭게 여긴 서비스 상품을 가깝고 친근하게 느낄 수 있도록 한 것이다.

붙이고 광고를 통해 고객과 적극적인 커뮤니케이션을 시도하는 이유도 서비스를 눈에 보이는 형태로 고객에게 전달하기 위한 노력으로 이해할 수 있다.

동시성(simultaneity)

서비스의 특징은 생산과 소비가 동시에 일어난다는 점이다. 다시 말해 서비스 제공자가 제공하는 서비스는 동시에 고객이 소비하게 되어 생산과 소비가 분리되지 않는다. 예를 들어 학교에서 강의를 들을 때 교육 서비스를 제공하는 선생과 그 서비스를 받는 학생이 한자리에 있어야만 서비스라는 활동이 일어나는 것이다.

제품은 생산과 소비가 분리되어 있어서 먼저 공급자가 제품을 생산하고, 이를 고객에게 전달하기 때문에 불량품이 나오더라도 공급자가 임의로 이를 제거하고 공급할 수 있다. 하지만 서비스는 생산과 소비가 동시에 일어나고 언제나 고객이 서비스 과정에 참여하기 때문에 공급자가 사전에 서비스 품질을 통제하기가 매우 어렵다. 따라서 서비스 제공자의 또 다른 고민은 서비스를 항상 일정 수준 이상의 품질로 제공해야 한다는 점이다.

그래서 서비스 제공자는 사전에 고객이 경험하게 되리라 예상되는 모든 고객경험(customer experience)을 사전에 디자인하고, 이에 대응하는 방법을 충분히 모색해야만 한다. 서비스의 동시성에 따른 단점을 극복하기 위해 서비스 공급자는 고객이 서비스를 제공하는 장소를 방문했을 때 고객의 기대를 충족할 수 있는 공간을 디자인해 예상되는 동선을 유도하고, 만일에 벌어질지 모르는 상황에 대처할 수 있는 모든 시나리오(scenario)를 준비해 이에 대비해야 한다. 또한 서비스를 받는 동안 고객이 원하는 정보를 전달하기 위해 멀티미디어, 안내서, 샘플 등 각종 채널(channel)을 사전에 준비해 한정된 시간에 정확한 정보를 제공해야 한다.

이질성(heterogeneity)

동시성에서 함께 파생되는 서비스의 특징은 '이질성'이다. 서비스는 서비스 제공자와 각기 다른 욕구를 가진 사용자 간의 상호작용에 따라 발생하는 사건이다. 따라서 아무리 매뉴얼이나 규범이 세밀하더라도 고객 100명이 경험하는 서비스는 모두 다를 수밖에 없다.

      IDEO의 톰 켈리(Tom Kelly)는 "컨베이어 벨트에서 똑같은 자동차를 뽑아내는 것처럼 모든 도시와 마을에 똑같이 새로운 서비스를 제공할 수는 없다."라고 말하며 여러 곳에서 동시에 일어나는 서비스를 디자인하는 것은 제품과는 근본적으로 다르다고 지적했다. 따라서 서비스의 수준을 항상 일정 수준 이상으로 유지하는 것은 서비스를 제공하는 기업 입장에서는 일종의 도전이나 마찬가지이다. 이를 위해 기업이 가장 흔히 사용하는 방법은 통제를 이용한 변수의 최소화로, 이는 원하지 않는 상황이 일어날 가능성을 사전에 차단해 서비스의 수준을 일정하게 유지하는 것이다. 예를 들어 맥도널드(McDonald's)나 아웃백스테이크하우스(Outback Steakhouse) 등에서 종업원의 복장과 외모 등을 통제해 겉으로 드러나는 이미지를 통일하거나 각 매장을 같은 콘셉트로 표준화해 서비스의 이질성을 극복하는 것이다. 하지만 지나친 통제는 서비스를 경직시킬 수 있으니 유의해야 한다. 서비스가 고객 중심의 이벤트가 아닌 기업 중심의 통제로 전락해서는 안 된다.

소멸성(perishability)

제품은 형태가 있는 사물이기 때문에 구매한 뒤에도 반복해서 사용할 수 있지만, 서비스는 구매와 동시에 그 편익이 사라져버린다. 또한 제품은 소유하거나 사용하고 기억하고 다음에 다시 구매할 수 있는 물리적 단서를 제공하지만, 서비스는 사용하는 동시에 사라져버리기 때문에 공급자는 매번 사용자의 또 다른 선택을 기다려야 한다. 따라서 공급자는 이런 수고와 도전을 반복하지 않도록 고객 충성도(customer loyalty)를 끌어올리고 서비스 연상 효과를 높이기 위해 의식적으로 노력해야 한다. 미용실, 음식점, 서점, 병원 등의 서비스 제공자가 마일리지 카드를 제공하거나 생일 축하 카드를 보내는 등 지속해서 유형의 단서를 고객에게 전달하려는 것도 이런 점을 보완하기 위해서이다.

현대카드 에어라운지
고객 스타일에 따라 다양한 맞춤형 서비스를 제공하는 현대카드는 인천국제공항에 새로운 개념의 공항 라운지인 '에어라운지(Air Lounge)'를 개설했다. 자사 회원들을 대상으로 코트 보관, 식품 및 음료 제공, 멀티탭 및 충전기 대여 등 다양한 서비스를 제공해 서비스가 지닌 소멸성에 기민하게 대응하기 위한 서비스공간디자인이다.

고객, 디자인 그리고 서비스

서비스디자인에서 디자인의 역할은 서비스의 무형성을 극복하고 고객이 경험할 수 있는 구체적인 유형물을 창조하는 것이다. 고객이 서비스를 통해 만족감을 느끼려면 일차적으로는 외부의 자극이 있어야 한다. 서비스디자인은 이를 위해 서비스 제공자가 고객이 서비스를 판단할 수 있도록 다양한 자극을 주는 활동이라고 할 수 있다.

그러한 맥락에서 고객, 디자인, 서비스의 관계를 살펴볼 필요가 있다. 원칙적으로 고객은 무형의 서비스를 아무런 장치 없이 직접 자신의 감각 기관을 통해 경험하기 어렵다. 따라서 서비스 제공자는 잠재 고객과 기존 고객이 자신의 서비스를 경험할 수 있도록 '디자인'이라는, 고의적으로 의도한 구체적인 유형의 경로를 통해 무형의 서비스를 간접적으로 접하게 한다.

이런 이유로 서비스를 경험하기도 전에 고객은 일차적인 감각에 따라 접하는 디자인으로 서비스의 모든 것을 판단하게 된다. 실제로 아무리 좋은 서비스라고 하더라도 디자인이라는 채널이 고객의 마음을 움직이거나 자극하지 못하면 고객은 서비스를 경험하고 싶은 마음조차 들지 않을 것이고, 이는 서비스의 구매율 저하로 연결될 것이다.

고객·디자인·서비스의 관계

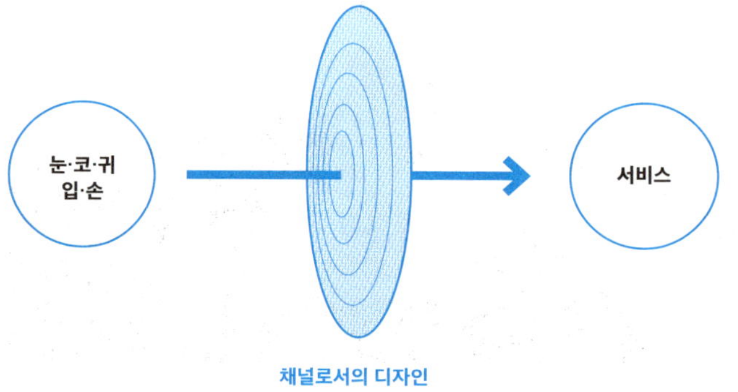

서비스 마케팅 이론에는 '진실의 순간(moments of truth)'이라는 용어가 있다. 고객이 기업의 서비스와 접촉하는 짧은 순간은 고객이 그 서비스를 인식하고 판단하는 데 결정적인 역할을 하기 때문에 '결정적 순간(a decisive moment)'이라 하기도 한다. 무척 짧지만 서비스에 대한 전체적인 첫인상을 좌우하기 때문에 이 순간은 서비스 제공자가 고객에게 서비스의 품질을 보여줄 수 있는 처음이자 마지막 기회인 셈이다. 서비스에서 디자인의 중요성을 강조하는 것은 이 때문이다.

한순간에 모든 것이 결정되는 서비스에서 디자인은 한 장의 사진과도 같다. 사진을 보는 사람에게는 그저 한 장의 사진뿐이지만 그 사진을 찍기 위해 보이지 않는 곳에서 얼마나 많은 사람이 준비를 하는가. 좋은 배경을 위해 장소를 물색하고, 원하는 콘셉트를 얻기 위해 적합한 모델을 섭외하고, 또 사진의 품질을 높이기 위해 조명을 준비한다. 하지만 사람들이 보는 것은 오직 한 장의 사진뿐이다. 한 장의 사진에 대한 평가가 그 이면에 숨은 많은 사람의 노고를 더욱 빛나게 하기도 하고 한순간에 물거품으로 만들 수도 있다.

자극으로서의 서비스디자인: 심미적·의미적·상징적 자극

서비스디자인은 고객이 서비스를 이용해보고 구매를 결정하도록 하는 동기(motivation)를 부여한다. 또한 보이지 않는 서비스를 구체적으로 볼 수 있고 느낄 수 있고 이해할 수 있게 하는 유형적 자극(stimulus)을 제공한다. 외부의 자극이 없다면 반응도 있을 수 없다. 자극만이 행동을 유발하는 원천이라고 할 수 있다.

서비스디자인은 고객에게 아름다운 디자인을 통해 감동을 주는 '심미적 자극(aesthetic stimulus)', 디자인을 통해 그 의미를 이해하게 하는 '의미적 자극(semantic stimulus)', 마지막으로 디자인이 내포한 상징을 소유하게 하는 '상징적 자극(symbolic stimulus)'을 포괄한다. 이들은 각각 독립적으로 작용하기도 하지만, 대부분 각 요소가 어우러진 상관관계를 통해 동시에 발생하며 고객에게 동기를 부여해 행동을 유발한다.

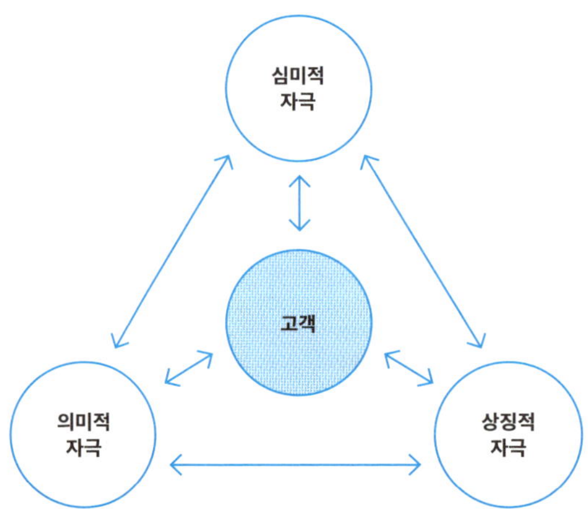

고객과 심미적·의미적·상징적 자극의 관계

아름다움으로 감동을 주는 서비스디자인

'심미적 감응(aesthetic impression)'은 아름다움에 대한 반응이라고 할 수 있다. 사람들은 주위에 있는 디자인된 사물이나 공간을 보고 때때로 아름다움을 느낀다. 어떤 디자인을 접했을 때 별다른 이유 없이 끌리는 것이다. 시각적인 것을 넘어 다른 것이 더해지지 않아도 그것을 바라보는 것만으로도 만족감과 즐거움을 느낀다. 바라보는 것만으로도 그런 기분을 느끼게 한다면 이 얼마나 강력한 힘인가. 여기에는 별다른 이유나 해석이 필요 없다. 이것이 바로 디자인의 근본적인 존재 이유이다. 이러한 디자인에는 또 다른 가치를 부여하려고 수고할 필요가 없다. 사람들이 그 디자인만으로도 만족하기 때문이다.

그런 이유로 심미적 감동을 유발하는 서비스디자인은 수많은 서비스가 범람하는 환경에서 고객의 시선을 한순간에 끌어당길 수 있는 힘을 발휘한다. '일단 한번 경험해보세요.' '사용해보시고 만족스럽지 않으시다면 환불해드리겠습니다.' 등의 카피는 그만큼 그 상품에 자신이 있다는 뜻일 것이다. 하지만 치열한 경쟁 탓에 그전에 고객의 관심을 끌어 사용하고 싶게 만드는 일조차 어려운 상황이다. 이러한 상황에서 심미적 자극은 고객의 호기심과 관심을 불러일으키는 데 중요한 역할을 한다.

디자인을 통해 받는 자극은 지극히 주관적이다. 오늘날 대중매체의 발달에 따른 대중소비문화가 확산되어 이런 자극이 획일화되어 가는 경향은 있지만, 과거의 개인 경험이나 사적인 기준과 가치, 취향에 따라 디자인을 통해 받아들이는 자극의 강도는 사람마다 분명히 다르다. 따라서 서비스에 대한 평가 또한 다를 수 있다.

이론가나 철학자는 디자인의 긍정적인 힘을 수세기 동안 찬양하며 연구해왔다. 이는 보통 유형의 사물이 지닌 선, 비례, 형태, 색, 질감과 같은 요소의 조합에 따라 좌우되고 사람의 마음을 끄는 이상적인 형태가 있다고 믿는 데에서 시작된다. 그래서 사람들은 오래전부터 역사적인 예술품과 건축물을 창조하기 위해 사람들이 편안함과 아름다움을 느끼는 규칙이라고 믿은 황금률이나 대칭성, 규칙성, 조화를 강조하는 '게슈탈트 법칙(Gestalt Laws)'에 따라 사물을 창조해왔다. 또한 독일 바우하우스(Bauhaus)는 1920-1930년대에 제품을 디자인할 때 엄격하게 이 규칙을 적용했다.

이처럼 여러 자료에서 학자들이 아름다움의 동기에 관해 수세기 동안 연구한 흔적을 찾아볼 수 있지만 과연 무엇이 사람들에게 아름다움을 느끼게 하고, 무엇을 통해 사람들이 카타르시스를 느끼는지, 또 어떤 요소가 아름다움을 구성하는지에 대해서는 아직 공통된 의견을 이끌어내지는 못했다. 디자인의 미적 요소와 관련해 일관된 이론을 정립하는 일은 매우 어렵고 불가능한 작업처럼 여겨진다. 많은 이론이 제시되었지만 원칙적 합의를 이끌어내는 데에는 모두 실패했다. 제시된 이론들조차 경영학, 과학, 언어학 등 여타 학문의 체계와는 다르게 본질적으로 명확한 이론으로 정립되기가 어렵다. 이는 아름다움에 대한 사람들의 기준이 천차만별이어서 그 전개방식이 매우 다양하고, 그에 따라 개인적으로 최종적인 판단을 내릴 수밖에 없기 때문이다.

서비스디자인은 전통적인 제품디자인보다 그 미적 속성을 찾아내 디자인하기가 어려울 수 있다. 서비스디자인은 복잡한 영향 요인을 내포하고 있으며 보이지 않는 것을 형태를 갖춘 아름다움으로 표현해 고객에게 전달해야 하기 때문이다. 하지만 서비스디자인은 서비스의 대상이 되는 대상과 그 목적을 분명히 규정하고 맥락과 상황을 잘 파악해 최적의 솔루션을 찾아내는 과정이자 결과물이므로, 논리적인 과정과 리서치를 통해 정보를 수집하고 분석하고 정리한다면 때로는 제품디자인보다 더욱 쉽고 빠르게 해낼 수도 있다.

앞에서도 말했듯 사용자의 주관적 경험과 인식은 디자인의

미적인 측면을 평가할 때 영향을 미친다. 디자인의 심미적 감응을 통해 놀라움을 경험하는 것을 보면 사람들은 과거에 경험한 주관적 경험이나 인식에 따라 저마다 다른 반응을 보인다는 것을 알 수 있다. 다시 말해 어떤 디자인을 과거에 이미 경험했다면 그와 유사한 디자인을 접했을 때 그것은 더는 새로운 디자인이 아니다. 서비스디자인은 제품디자인과 달리 고객이 선택하는 것이 아니라 이미 주어진 것을 받아들여야 한다. 또한 대부분의 대상이 개인보다는 집단이나 대중이기 때문에 디자인에서 많은 사람이 진기함과 아름다움을 동시에 느낄 수 있도록 해야 한다는 어려움이 뒤따른다.

디자이너는 오랜 경험과 축적된 기술로 디자인을 접하는 사람이 긍정적이고 미적 인상을 느끼게 하는 방법을 알고 있다. 디자이너는 디자인을 창조할 때 그 경험을 적극 활용하도록 유도해야 한다. 그러나 그 축적된 경험 또한 겉으로 드러낼 수 없기 때문에 디자이너는 프로젝트마다 직관에 따라 디자인을 만들어내곤 한다. 실제로 디자이너의 직관적 창작력은 시각적으로 매력적인 디자인을 위해 필요한 전부이다. 한편 과학적이고 논리적인 접근은 문제를 해결하는 데 전혀 도움이 되지 않는다고 하는 사람들도 있다. 이는 아름다운 디자인과 관련해 일반적인 이론이 없는 이유와 같다.

그런 점에서 서비스디자인은 명확한 미적 기준이나 요소를 갖추었다고 보기는 어렵다. 그러나 서비스는 이해관계자, 서비스 프로세스 등의 기본적인 시스템을 갖추고 있는 만큼 그 틀 안에서 디자인되어야 한다. 따라서 관계된 요소를 명확히 하고 자료를 조사하고 분석한다면 어떤 서비스디자인이 필요한지 단서를 찾아낼 수 있을 것이다. 이렇게 모인 정보를 통해 고객의 미적 선호도에 더욱 가까이 접근할 수 있으며, 고객이 원하는 심미적 감동을 주는 서비스를 디자인할 수 있다.

의미를 이해하게 하는 서비스디자인

'의미적 감응(semantic impression)'은 서비스디자인이 무엇을 말하고자 하는지 그 의미를 쉽고 빠르고 정확하게 인식할 때 고객이 받는 자극을 말한다. 디자인된 여러 서비스 요소(service components)는 단순히 고객에게 진기한 아름다움을 전하는 데 그치지 않고, 시각언어(visual language)를 통해 각종 서비스 정보를 전달한다. 특히 직접적인 상품에 대한 서비스디자인은 상품에 대한 다양한 정보를 전달해 고객의 구매 욕구를 자극한다. 또한 디자인이 실용적인 기능성을 담고 있는 경우 그 제품의 기능이나 효능 등 디자인의 실제적 품질을 전달하기도 한다. 이렇듯 서비스디자인이 전달하는 분명한 의미와 상품으로서의 정보는 '의미적 이해(semantic understanding)'라는 용어로 언급된다.

이와 관련해 인지심리학자 도널드 노먼(Donald A. Norman)은 사용자가 어떻게 디자인의 의미를 인지하는지 지원성(affordance), 제약성(constraints), 맵핑(mappings)으로 나누어 설명했다.

지원성은 어떤 사물의 디자인을 통해 사용자에게 구체적인 활동이나 행동을 허용하는 것이다. 예를 들면 사람 무릎 높이의 상부가 평평하고 다리가 안정적인 사물(의자)을 보고 사람들은 앉을 수 있다는 것을 깨닫고 다가가 앉는다. 다시 말해 디자인이 시각적 언어를 통해 사용자와 소통하고 사용자는 그 의미를 이해한 뒤 행동으로 옮긴 것이다.

제약성은 디자인이 전달하는 의미를 통해 사용자가 할 수 있는 것과 없는 것을 알게 되는 것이다. 쉬운 예로 밀어서 여는 문과 당겨서 여는 문을 들 수 있다. 밀어서 여는 문에 손잡이를 달지 않으면 사용자는 그 문은 당기기가 어렵다고 인지하고 먼저 밀어본다. 다시 말해 디자인이 사용자의 당기는 행위를 저지한 것이다. 이 경우

제약성이 지원성과 같은 의미를 전달하는 것으로 볼 수 있다. 행위를 하도록 유도하는 측면과 하지 못하도록 유도하는 측면을 동시에 전달하는 것이다.

맵핑은 디자인이 그것을 사용하는 사람의 멘탈 모델(mental model)과 관련이 있다는 내용이다. 다시 말해 제품의 메시지가 이해하기 어렵더라도 사용자의 마음속에는 멘탈 모델이 그려지기 때문에 그에 맞는 디자인을 통해 쉽게 특정 행동을 유도할 수 있다는 것이다. 노먼은 자동차 좌석을 조절하는 전자 장치를 예로 들며 이는 멘탈 모델에 맞게 설계되었다고 말했다. 자동차 좌석을 자유자재로 이동할 수 있는 조절 장치는 사용자가 자연스럽게 인지할 수 있도록 디자인되어 별다른 정보 없이 그 장치가 어떻게 작동하는지 쉽게 이해할 수 있다는 것이다.

영국 샐퍼드대학교 여성용 화장실 사인

한국에서 화장실 출입구의 픽토그램(pictogram)이 파란색이라면, 보통 남성용 화장실이라는 의미를, 빨간색이라면 여성용 화장실이라는 의미를 사용자에게 전달하는 것으로 이해할 수 있다. 위의 사진처럼 여성용 화장실임에도 픽토그램이 파란색이라면 가까이 가서 살펴보기 전까지 한국 사람은 남성용 화장실로 인식할 것이다. 인간은 형태보다는 색깔로 의미를 인식하는 경우가 많기 때문에 잘못된 디자인은 의미 전달 과정에서 혼동과 불필요한 수고를 낳을 수 있다.

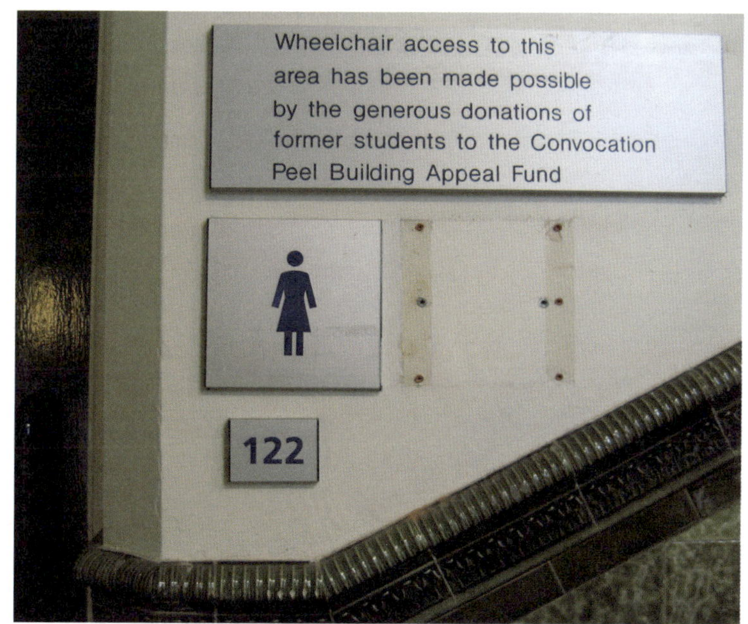

노먼은 제품디자인의 의미와 사용자가 기대하는 효용성을 바탕으로 이 이론을 만들었지만, 디자인이 그 의미를 시각적으로 전달하고자 하는 보편적인 특성을 지닌다는 측면에서 볼 때 시각, 공간, 정보 등 다른 분야의 디자인에도 이 이론을 적용할 수 있을 것이다.

이를테면 아름다운 의자를 보게 되었다고 가정하자. 의자를 보기 위해서는 우선 공간적으로 의자에 가까이 접근해야 한다. 멀리서부터 의자에 다가가면서 느끼는 감정을 살펴보면, 먼저 실내장식과 어울리는 의자의 전체적인 이미지에 감탄하고, 조금 더 다가가면 의자 자체의 세부적인 디자인에 다시 한번 감동하게 된다. 그 뒤에는 의자의 형태적 특징, 엉덩이를 얹을 수 있는 평평한 받침이나 등을 기댈 수 있는 등받이 등 의자와의 의미적 커뮤니케이션, 다시 말해 '이곳에 앉아 쉬라.'는 무언의 메시지에 감동하게 된다. 만일 의자가 단순히 아름답기만 할 뿐 그 이상의 의미적 효용을 찾아볼 수 없다면 사람들은 그저 바라보는 것으로 만족할 것이다. 모든 디자인은 이런 방식으로 이해할 수 있다.

서비스디자인에서 고객이 서비스를 이용하게 하고 구매를 하도록 유도하기 위해서는 심미적 감동을 줄 뿐 아니라 의미적 이해도 가능하도록 디자인해야 한다. 우리의 서비스는 과연 무엇을 위한 것이고, 어떤 의미를 고객에게 전달할 것인가. 이 점을 느꼈을 때 고객은 비로소 그 서비스를 경험해보고 구매를 결심할 것이다.

상징적 만족을 주는 서비스디자인

'상징적 감응(symbolic impression)'은 사용자가 특정 디자인을 소유했을 때 사회적으로 인정받는 그 디자인의 상징적 의미를 함께 누리기를 바라는 것이다. 다시 말해 어떤 디자인을 구매하거나 사용할

때 단순히 그것을 소유하는 차원을 넘어 그 디자인이 담고 있는 사
회적인 믿음이나 약속까지 함께 얻고자 하는 것이다. 그래서 자신과
디자인을 동일시하는 감정을 기대하는 것이다. 예를 들어 어떤 사람
이 구치(Gucci)나 살바토레페라가모(Salvatore Ferragamo), 아르
마니(Armani)와 같은 명품을 구매해 소유하거나 사용하면서 다른
사람이 자신을 부유하고 사회적 위치가 높고 고상한 사람으로 인식
하는 효과를 바라는 것과 같다. 서비스 또한 마찬가지이다. 비행기의
일등석이나 은행의 개인 금고를 이용하고 플래티넘 카드를 소유하는
것은 곧 자신의 사회적 지위를 대변하기 때문에 사람들은 서비스디
자인에서 이런 효용을 기대하게 된다.

　　　사람들이 서비스디자인을 통해 얻고자 하는 것은 일시적인
의미만이 아니다. 자신의 사회적 정체성까지 새롭게 자리매김하기를
원하는 것처럼 보인다. 다시 말해 사회적 믿음으로 자리 잡은 상징적
디자인을 소유함으로써 그 이미지와 자신의 이미지를 동일시하고자

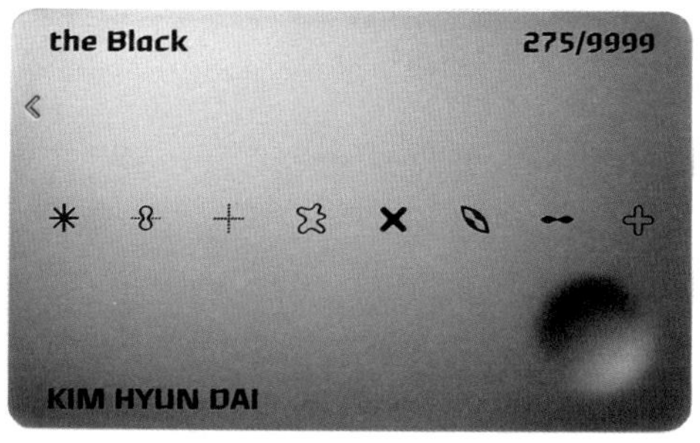

**현대카드의 프리미엄 카드
더블랙**

현대카드에서는 대한민국 상위 0.05%만을 위한 프리미엄 카드 '더블랙(the Black)'을 출시했다.
카드사가 정한 금전적 기준만으로 카드 발급 여부를 결정하는 것이 아니라 경제적 능력과 사회적
지위까지 고려한 발급 방식을 고수한다. 회원 가입을 위한 최소 자격 요건을 연 매출액 최소 1,000억 원
이상의 기업체 CEO 및 상위 임원, 단과대 부총장급, 장관급 공무원, 종합병원 원장, 법무법인 파트너급
등으로 한정한 슈퍼 프리미엄 카드를 지향함으로써 이 카드를 소유한 사람은 사회적으로 성공한
사람이라는 인식과 함께 자신도 그런 자부심을 느끼게 된다.

하는 것이다. 따라서 사람들이 원하는 정체성을 디자인에 담아낼 때 비로소 그 디자인의 커뮤니케이션이 시작되고 고객의 상징적 감응을 불러일으킬 수 있다.

상징적 감응은 크게 두 가지로 나눌 수 있는데, 하나는 '개인의 표현'이고 다른 하나는 '집단의 표현'이다. 개인의 표현은 한 개인의 독특한 면을 나타내는 것을 허용하는 것과 연관된다. 따라서 개인의 질과 가치, 태도 등을 포함한다. 결국 개인의 표현은 다른 사람과 자신을 차별화하려는 욕구에서 출발한다. 이는 디자인을 통한 정체성의 표현으로 그것을 소유한 사람을 다른 사람과 구분하고 정의하게 하며 형상화한다.

집단의 표현은 디자인이 그룹의 정체성과 연관된다. 다시 말해 그룹의 일원으로서 그 그룹을 상징하는 디자인을 통해 자신과 그룹에 속한 다른 사람들을 하나로 통합한다는 의미이다. 실제로 사회적 그룹의 일원임을 나타내는 가장 기본적인 방법이 바로 특정한 디자인 상징을 공유하는 것이다.

앞서 언급한 의미적 감응은 디자인 그 자체에서 느껴지는 의미가 유발하는 실용적 차원의 감응이지만, 상징적 감응은 그 디자인에 투영된 사회 문화적 이미지에 대한 사용자의 감응이라고 할 수 있다. 또한 의미적 감응은 스스로 디자인과 교류하는 가운데 느끼며 만족하는 감응이지만, 상징적 감응은 스스로 만족하는 데 그치지 않고 주위 사람들이 그런 자신을 보고 감응할 수 있어야 한다. 같은 의자라고 해도 디자인을 의미에 따라 이해한다면 단순히 앉을 수 있는 물체로 해석하지만, 상징적으로 이해하면 지위나 권력까지 암시한다고 볼 수 있다.

수원삼성블루윙즈 축구단

스포츠 역시 서비스산업 가운데 하나이다. 서비스 조직이나 단체를 상징하는 아이덴티티디자인은
대외적으로 조직의 이미지를 반영할 뿐 아니라 내적으로 구성원을 결집하는 데 중요한 역할을 한다.
서비스디자인의 개념은 이 점에서 더욱 확대된다. 자신이 응원하는 팀의 서비스 아이덴티티가 프린트된
옷을 입고 경기장에서 응원하는 관중은 마치 선수가 되어 뛰는 듯한 동질감과 함께 만족감을 느낀다.
좋은 서비스디자인은 고객의 참여를 이끌어내는 데 이바지한다. 축구 구단의 서비스 아이덴티티
디자인은 단순한 이미지 통합을 넘어 팬들을 선수들과 동일시해 힘을 결집시킬 수 있어야 한다.

고객의 마음을 움직이는 서비스디자인: 인지·감응·행동 유발

서비스디자인은 기업이 전달하고자 하는 마케팅 메시지를 고객에게 효율적으로 전달하는 역할을 한다. 이는 서비스 구매자가 서비스 상품을 인지하고, 감응을 느끼고, 행동하는 단계를 밟으므로 보통 '배우고 느끼고 행동하는(learn-feel-do)' 과정을 거치게 된다. 자극으로서의 서비스디자인이 작동하면 이때부터 고객과의 본격적인 커뮤니케이션이 시작된다. 먼저 서비스디자인에 노출된 고객은 서비스 상품을 인지하고 판단해, 이를 바탕으로 어떤 형태로든 감정을 느끼며, 마지막으로는 서비스를 경험하거나 구매하게 된다. 이렇듯 고객 대부분은 인지(cognition), 감응(affect), 행동(behavior) 순으로 차례로 반응하지만, 비행기 좌석과 같이 그 서비스의 등급이 가격이나 품질에 따라 이미 나뉘어 있을 때에는 '행동하고 느끼고 배우는(do-feel-learn)' 순으로 반응하기도 한다.

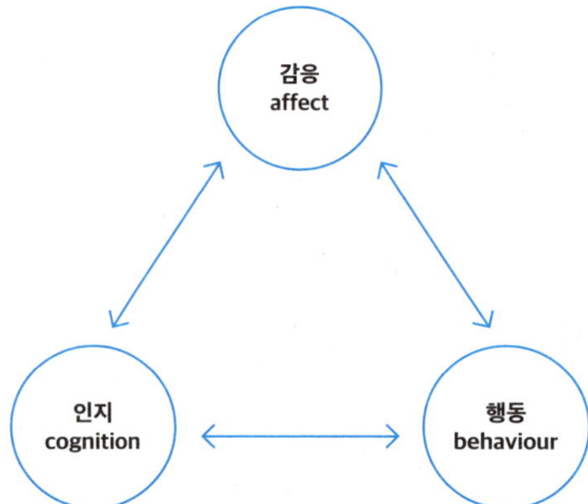

인지·감응·행동의 관계

고객 이해: 인지 유발(cognition response)

인지 유발의 목적은 고객이 정확하고 올바른 판단을 하도록 유도해 특정 기업이나 서비스를 긍정적으로 인식하게 만드는 것이다. 인지는 자극에 대한 해석과 이해, 사고를 포함하는 정신적 구조나 프로세스와 관련된다.

디자인은 정보 자극을 전달하는 일종의 매개체이다. 여기에서 디자인의 의미 전달 과정은 고객의 다양한 감각을 자극하고, 고객은 이를 통해 전달된 정보를 이해하는 일종의 커뮤니케이션 과정이다. 디자인을 접한 고객은 심미적, 의미적, 상징적 자극을 받게 되며 이를 통해 각종 정보와 지식을 얻을 수 있다.

일반적으로 누구에게나 보편적으로 다가가는 의미를 객관적·외연적 의미(denotative meaning), 각각 다르게 느껴지는 의미를 주관적·함축적 의미(connotative meaning)라 한다. 병원은 객관적·외연적 의미로 환자를 보호하고 치료하는 곳이지만, 병원에서 의료사고를 당한 사람이라면 병원에 대해 부정적인 주관적·함축적 의미가 있을 것이다.

다시 말해 개인마다 느끼는 자극이나 과거의 경험에 따라 해석과 판단이 달라진다. 고객은 서비스디자인을 통해 전달받은 인지적 단서를 통해 서비스의 의미를 이해하거나 정보를 평가하며, 다른 서비스 상품과는 차별되는 정보를 받기도 한다. 따라서 기업은 자사 제품에 대한 포괄적인 정보, 정확한 메시지, 함축적인 아이덴티티를 디자인에 담아내고 이를 고객에게 효과적으로 전달해야 한다.

기존 고객과 잠재 고객을 이해시키기 위한 디자인을 개발할 때에는 막연한 미적인 아름다움으로 고객의 충동구매를 유도하려는 의도가 아닌 이상 항상 이론적이고 논리적으로 접근해야 한다. 만일 기업이 서비스디자인에 담은 상품에 대한 메시지에 별다른 내용이 없다고 해도 충동적 자극에 따라 소비로 연결될 수는 있다. 하지만 구매 단계에서 고객이 이론적 사고 과정을 통해 행동을 결정할 때에는 어려움에 부닥칠 수밖에 없다. 또한 디자인의 속성 가운데 감정적 매력에만 이끌려 서비스를 경험했을 때 타당한 정보나 의미 있는 구매 단서를 받지 못한다면 소비와 연결되지 않기 때문에 결국 기업에서는 직접적 이득을 얻지 못하게 될 것이다.

따라서 디자이너는 디자인을 통해 고객이 서비스를 올바로 이해하고 정확한 판단을 할 수 있는 근거를 제공해 서비스를 구매하도록 유도해야 한다. 이 목적을 달성하기 위해서는 먼저 서비스의 전체적인 개념과 효용을 파악하고, 디자인을 통해 표현하고자 하는 핵심 속성을 나열해야 한다. 또한 이를 잘 표현하기 위해 제품, 공간, 정보, 아이덴티티, 디지털 미디어 등의 디자인 분야와 형태, 재료, 질감, 색 등의 표현 요소를 정해 원하는 서비스의 속성을 담을 수 있는 실체적인 형태를 디자인 프로세스를 통해 찾아야 한다.

지금까지 상업적으로 성공한 디자인을 살펴볼 때 그저 아름답기만 한 것은 없다. 철학과 마케팅 정보를 담고 있고, 그에 따른 콘셉트를 적절히 표현하고 있다. 무작정 아름다움으로 충동구매를 불러일으키는 디자인은 한시적으로 사용자의 눈길을 끌 수 있을지는 몰라도 금세 시장에서 사라지게 될 것이다. 따라서 서비스디자이너에게는 창의성뿐 아니라 논리성까지 동시에 요구되는 것이다.

고객 기대: 감응 유발(affect response)

감응 유발은 기업이 서비스디자인을 통해 고객에게 서비스에 대한 감성(emotions), 기분(moods), 느낌(feeling) 등의 긍정적인 감성을 이끌어내려는 자극이라고 할 수 있다. 디자인이라는 시각 언어는 말과 글보다 그 의미가 함축적이고 상징적인 비(非)시각 언어이기 때문에 사람에 따라 느끼는 것이 다르게 나타난다. 또한 논리적으로 정확히 이해할 수 있는 메시지보다는 불명확하지만 강렬한 느낌을 전달하기에 적합하다. '경험해보고 싶다.' '가보고 싶다.' '사용해보고 싶다.' '가입하고 싶다.' 같은 느낌은 최종으로 구매를 결정하는 논리적 판단 상황에서도 매우 중요한 요소로 작용한다.

같은 디자인을 경험하고도 성향에 따라 어떤 사람은 즐거움을, 어떤 사람은 불쾌함을 느낄 수 있다. 이렇게 상반된 감정을 느끼는 것은 극단적인 예일 수 있지만 분명한 점은 개인이 디자인을 보고 느끼는 정도는 언제나 다르다는 것이다.

네덜란드 델프트공과대학교(Technische Universiteit Delft) 산업디자인과 교수인 피에테르 데스메트(Pieter Desmet)는 「제품감성의 다층적 모델(a multilayed model of product emotions)」이라는 논문에서 다음과 같이 제품디자인이 인간의 감정을 유발하는 다섯 가지 범주를 제시했다.

1   실용적 감정
디자인을 사용했을 때 그 디자인의 실용성에
만족하거나 실망하는 느낌

2   심미적 감정
디자인을 보았을 때 그 외적인 모습 때문에
끌리거나 회피하게 되는 느낌

3   사회적 감정
사회적으로 합당한 기준에 의한 디자인인지에 따라
생기는 감탄이나 분노 등의 느낌

4   경탄의 감정
     디자인이 매우 특이하고 새로워
     이에 대해 놀라고 경탄하는 느낌

5   흥미의 감정
     디자인에 더 새로운 것을 기대하게 하는 느낌

서비스디자인은 긍정적인 영향이나 즐거운 경험과 연관된다. 이론적으로 명쾌하다고 해도 그 느낌이 좋지 않다면 고객의 최종 선택으로 이어지기 어려울 수 있다. '왠지…….' 등의 모호하면서 확실한 결정을 내리지 못하도록 방해하는 느낌은 개선되어야 한다.

디자인은 그 특성상 형태, 색 등을 통해 인간의 감성에 호소하는 감성적 커뮤니케이션에 가장 적당한 도구라고 할 수 있다. 디자인을 통한 감정 유발은 서비스 공간처럼 물리적 규모가 큰 디자인은 물론 작고 사소한 서비스 안내장을 통해서도 가능하다.

고객 반응: 행동 유발(behavioral response)

고객이 디자인을 접하고 느끼는 심리적인 반응은 고객의 행동 방식에도 깊은 영향을 미친다. 고객은 서비스디자인에 대한 반응에 따라 크게 두 부류로 나눌 수 있다. 한 부류는 디자인에 흥미를 느끼는 고객이고, 다른 한 부류는 관심을 보이지 않는 고객이다. 그에 따른 각 행동 반응을 구분하기 위해 환경심리학자들은 '접근(approach)'과 '회피(avoid)'라는 용어를 사용한다.

접근은 눈으로 보거나 손으로 만지는 등 서비스디자인을 경험할 때 고객이 호감을 느끼고 자신과 커뮤니케이션을 시도하려는 디자인에 끌려서 좀 더 그 근처에 머무르거나 작동시키려 하는 등 서비스디자인에 가까이 다가가려는 행동을 말한다. 반대로 회피는 서비스디자인을 접했을 때 느낀 반감이나 거부감 때문에 피하거나 무시하는 행동을 취하는 것을 말한다.

고객은 서비스를 경험하는 과정에서 서비스를 단순히 소비하는 데 그치지 않고 서비스를 생산하는 데에도 직접 참여한다. 따라서 고객을 순간순간 긍정적이거나 부정적으로 반응하게 하는 디자인과의 실시간 커뮤니케이션은 매우 중요하다. 긍정적인 감정이나 부정적인 감정은 접근 또는 회피라는 반응으로 돌아온다.

서비스에 끌리는 느낌을 받았다는 것은 서비스 공간에 더 오래 머물고 싶다는 것을 뜻하며, 제품, 패키지, 키오스크(kiosk) 등 시각·청각·촉각·미각 등으로 느낄 수 있는 것을 좀 더 경험하고 싶다는 것을 뜻한다. 그런 경험을 한 고객은 그 서비스를 지속해서 이용할 것이고, 이는 주위 사람에게도 긍정적인 영향을 미칠 것이다. 그리고 결국에는 사람들이 그 서비스를 최종적으로 선택하게 하는 결과를 가져올 것이다.

서비스디자인 시스템

최근 인간과 컴퓨터 간의 상호작용을 다루는 HCI와 사용자에게 최적의 경험을 제공하는 UX 분야에서 서비스디자인에 대한 관심과 연구가 활발히 진행 중이다. HCI와 UX에서 다루는 용어인 인터페이스, 인터랙션, 경험의 개념을 빌어, 앞서 말한 내용을 기업(서비스 제공자)과 고객(서비스 소비자) 간의 관계를 푼 서비스디자인 시스템을 살펴보면 다음과 같다.

서비스디자인 인터페이스

서비스를 제공하는 쪽과 서비스를 소비하는 쪽 사이에는 그 둘을 이어주는 매개체가 있으며, 이런 매개체를 사이에 두고 일련의 상호작용이 이루어진다. 이때 사람이 접촉하는 매개체와 그 장치에 표현된 내용을 인터페이스라고 한다. 서비스디자인은 기업과 고객을 이어주는 도구로서 인터페이스의 역할을 하는 것이다.

서비스디자인 인터랙션

인터랙션은 서비스디자인을 매개로 서비스 제공자와 소비자가 주고받는 일련의 의사소통 과정이다. 인터페이스가 제품, 공간, 정보, 아이덴티티, 디지털미디어 디자인과 같은 구체적이고 물리적인 대상을 말한다면, 인터랙션에는 서비스 제공자가 소비자에게 전달하려는 자극(인지, 감정, 행동 등)과 서비스 소비자가 제공자에게 표현하는 피드백처럼 보이지는 않지만 사람의 행동과 이에 반응하는 기업의 제반 요소 등이 포함된다.

서비스디자인 경험

서비스디자인 경험은 서비스 제공자가 만들어낸 서비스디자인 인터페이스와 인터랙션을 통해 서비스 소비자가 얻는 지식과 이미지, 감정 등을 포함한다. 이를 통해 소비자는 작게는 서비스에 대한 구매 여부를 결정하게 되고 향후 재구매 의사 여부, 타인 추천 등에 영향을 미치게 되는 것이다.

지금까지 살펴본 것처럼 기업은 서비스에 대한 인지, 감정, 행동을 각각 또는 복합적으로 유발시키는 의도된 활동을 하고, 고객은 이를 통해 심미적 감동, 의미적 이해, 상징적 만족의 동기가 부여되어 최종적으로 서비스를 선택하거나 소비하게 된다. 이 모든 일련의 프로세스를 서비스디자인 시스템이라 할 수 있다.

서비스디자인 시스템
이원식, 2012

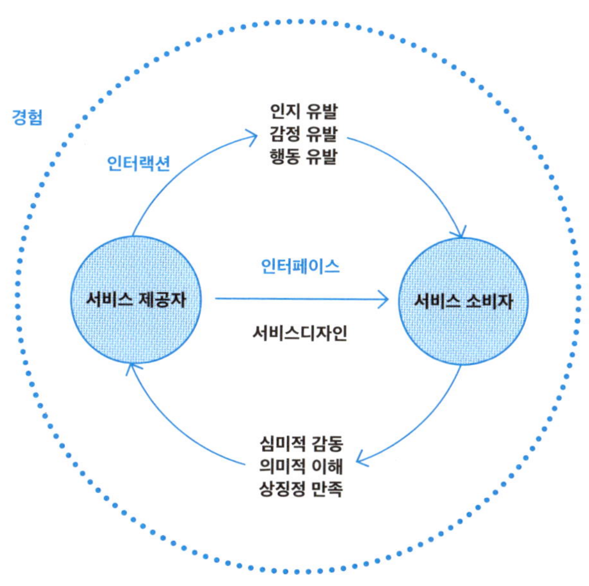

서비스디자인은 과연 새로운 영역인가

크레이그 와이트먼
Craig Wightman

디자인 경력 25년의 베테랑으로 1997년부터 영국에서 가장 오래된 디자인 컨설팅 업체 가운데 하나인 키네어듀포트(Kinneir Dufort)에서 디자인디렉터로 활동하고 있다. 글로벌 기업뿐 아니라 영국 내 중소기업 등 기업을 상대로 폭넓게 디자인 컨설팅을 해왔으며, 건강관리, 생활문화, 생명과학, 보안 등 산업의 다양한 부문에서 풍부한 경험을 쌓았다.

다른 선진국과 마찬가지로 영국의 경제 구조도 제조에서 서비스로 급격히 변화하고 있는 듯하다. 이는 영국의 GDP에서 차지하는 서비스산업의 비중이 75%를 웃돌고 있다는 사실에서 잘 알 수 있다. 이러한 현상의 이유를 이해하기 위해, 제조업에서 서비스산업으로 경제의 패러다임이 넘어가는 이면의 이유를 살펴보아야 한다. 물론 제조업의 특성상 임금이 높은 선진국보다 임금이 낮은 중국 등의 개발도상국으로 제조업의 주도권이 이동하기 때문에 영국 등의 선진국에서는 그러한 패러다임의 전환이 당연한 현상으로 볼 수 있겠지만, 그보다 중요한 요인은 사람들의 지출 욕구가 제품보다 서비스 쪽으로 변화한다는 것이다. 여기에서 말하는 서비스에는 금융, 레저, 여행, 교통뿐 아니라 보건, 교육, 사회적 서비스와 같은 공공서비스도 포함된다.

영국의 GDP에서 제조업이 차지하는 비중이 비록 12%(미국과 프랑스를 포함한 다른 G7 역시 비슷한 수치)밖에 안 된다고 하더라도 일반 대중에 영향을 미치거나 브랜드 인지도를 형성하는 데에는 자동차, TV, 휴대전화와 같은 유형의 제품은 서비스와 같은 무형의 상품보다 훨씬 영향력이 강하다. 따라서 기업은 고객에게 서비스와 같은 무형의 제품을 전달할 때 유형의 것을 연관 지어서 제공하려고 한다. 그뿐 아니라 유형의 제품을 전달할 때에도 서비스디자인과 같은 경험의 전달을 통해 제품 경쟁력을 강화하고자 한다. 결론적으로 우리가 사용자로서 접하는 제품 대다수는 무형적 단서와 유형적 단서가 군생(群生)하는 것이다.

예를 들어 우리가 애플을 떠올릴 때 우리는 동시에 아이맥(iMac),

맥북(MacBook), 아이팟(iPod), 아이폰과 같은 유형적 제품을 생각한다. 그러나 실제로 애플에 대한 경험은 그런 유형적 제품과 동시에 아이튠즈(iTunes), 애플스토어, 기술 지원 심지어 직원의 태도 등과 함께 형성된다. 우리는 흔히 이런 것을 서비스디자인이라고 하지만 애플도 그렇게 생각하는 것일까? 아마도 아닐 것이다. 그러나 어쨌든 애플은 성공적인 서비스디자인을 수행했다.

결과적으로 진실을 말한다면, 오늘날 모든 제품은 제품뿐 아니라 이를 둘러싸고 있는 모든 터치포인트를 고려하는 것이 필요하다. 터치포인트는 매장 경험, 온라인 경험, 사용 경험, 콜센터 경험, 재활용 및 폐기 경험에 이르는 통합적인 고객 경험을 제공하는 것이 필요하다. 서비스디자인은 완전히 새로운 것이 아니라 우리와 늘 함께 있었던 것이며, 지금까지 GM, 삼성, 도요타(Toyota)와 같은 세계적인 제조사가 수행해왔던 것이기도 하다. 하지만 이런 것을 언제나 '서비스디자인'이라고 부르지는 않는다. 지금까지 서비스디자인은 전형적인 것들 일색이었다. 아직도 유형의 제품 주위에는 다듬어지지 않은, 새롭게 개발할 수 있는 무궁무진한 미개척 서비스가 있다.

버진그룹(Virgin Group)은 그들이 전개하는 모든 사업 분야에서 '버진(Virgin)'이라는 브랜드를 통해 그들의 고객과 긍정적이고 감성적인 유대관계를 형성하는 것으로 유명하다. 버진그룹의 회장인 리처드 브랜슨(Sir Richard Branson)은 처음 음반판매업으로 사업을 시작한 이래 항공, 철도, 금융, 통신, 홈엔터테인먼트 등으로 영역을 확장해왔다. 브랜슨이 새로운 사업을 확장하는 동기는 경쟁 업체에 대한 고객들의 불만족이었다. 고객들의 그런 불만족을 자신이 바꿀 수 있다는 확신이 들면 새로운 사업에 도전했고, 그 직감은 적중했다. 그가 버진애틀랜틱(Virgin Atlantic)이라는 계열사를 통해 항공운항 서비스를 하던 초기에는 히스로공항(Heathrow Airport)에서 비행기가 연착했을 때, 그것이 매우 흔한 일이었음에도 회장인 그는 고객들을 일일이 직접 찾아다니며 사과를 하곤 했다. 이런 고객 서비스에 대한 그의 노력과 헌신은 버진그룹 전체로 퍼져나갔다.

한편 공공서비스는 디자인을 적용해 가장 긍정적인 영향을 이끌어 낼 수 있는 가장 도전적인 기회일 것이다. 병원, 학교, 직업소개소 등의 공공서비스는 고객이 직접 선택하는 서비스가 아니라는 점에서 일반 상업적 서비스와는 다르다. 이런 공공서비스에서 사용자와 공급자 양측의 태도는 일반 상업적 서비스와는 매우 다르다. 영국에서 디자인카운슬은 복잡한 이해관계가 얽힌 보건과 복지 등의 주요한 공공서비스에서 디자인의 중요성에 대해 역설하는 등 선도적인 역할을 해왔다. 결과적으로 공공서비스에서 디자인은 다음과 같은 디자인의 특성으로 점점 더 확대되었고, 공공서비스를 관리하는 매니저보다 디자이너의 역할이 클 수 있다는 사실을 말해왔다.

1   디자인은 사용자 중심적이다.
     이것은 너무나도 당연해 보이지만 사용자의 욕구(needs)에 대한 이해는 디자인 프로세스에서 매우 중요한 부분이다. 디자인 프로세스를 통해 모든 사용자의 욕구에 집중하는 것은 성공적인 서비스 청사진(blueprints)을 개발하는 데 매우 중요한 역할을 한다.

2   디자인은 사용자와 공급자의 상호작용을 통해
     무엇인가를 창조하는 작업이다.
     디자이너는 개발 과정에서 이해관계자들과 끊임없이 그들이 처한 문제에 관해 이야기를 나눈다. 그들은 이야기 속에서 가치 있는 영감을 발견하고, 또한 영감을 기회와 아이디어로, 이것을 다시 솔루션(solution)으로 만든다. 심지어 자신이 창의적이지 않다고 생각하는 관계자들도 디자인 프로세스를 따라가다 보면 복잡한 문제를 해결할 수 있는 혁신적인 아이디어를 스스로 찾아내곤 한다.

3   디자인은 시각적이다.
     디자이너는 문제, 프로세스, 인터랙션을 시각화하기 위해 다양한 기

술을 동원한다. 이를 통해 사용자의 경험에 대해 커뮤니케이션할 수
있고, 디자이너뿐 아니라 모든 이해관계자가 새로운 창의적인 해결
책을 발견해 내는 데 유용한 역할을 할 수 있다.

4   디자인은 빠른 프로토타이핑(prototyping)을 돕는다.
     보통 대부분의 공공서비스는 그 특성상 규모가 큰 탓에 새로운 서비
     스를 개발하기가 어렵다. 솔루션을 프로토타이핑할 때 디자인적인
     접근으로 아이디어를 쉽고 빠르게 테스트할 수 있고, 원래의 규모로
     개발될 때 거의 성공에 가까운 결과를 이끈다.

서비스디자인을 굳이 디자인 분야에서 새롭게 떠오르는 분야라고 할 수는
없다. 이것은 사용자와 공급자, 정부가 바라보는 디자인이 중요해지고 있음
을 상징하는 현상이며, 이러한 현상을 디자인적인 사고로 좀 더 통합적인 관
점에서 최고의 솔루션을 창조하기 위해 조직, 브랜드, 서비스의 모든 측면
에 접근한 것이다. 이것을 굳이 내게 명명하라고 한다면 '종합 경험 디자인
(total experience design)'이라 부르고 싶다.

서비스디자인은 유형적일 수도 무형적일 수도 있다.
서비스디자인은 인공물과 커뮤니케이션, 환경, 행동 등을
포함한다. 어느 것이든 일관된 형태를 띠고, 사용하기 쉬워야
하며, 전략적으로 적용되어야 한다.

빌 홀린스 Bill Hollins
영국 웨스트민스터대학교 University of Westminster 교수

3

서비스디자인
전략과 실행

서비스 경쟁 전략과 유형

서비스디자인을 효과적으로 하기 위해서는 기업이 제공하는 서비스의 성격과 특징을 정확히 파악해야 한다. 하지만 무엇보다 중요한 것은 어떤 서비스를 제공할지 결정하는 전략적 판단이다.

이는 전통적인 비즈니스 전략의 영역으로 여겨져 왔지만 유기적인 서비스디자인을 위해서 이 단계에서부터 디자인적인 정신으로 무장해야 한다. 호텔이나 교육처럼 그 자체가 서비스업이라면 그나마 비교적 접근이 쉬울 수 있다. 하지만 자동차나 전자 제품 등을 생산하는 제조업체는 시스템적인 문제로 접근이 어려울 수 있다.

오늘날 기업이 전개하는 서비스 경쟁 전략을 살펴보면 제조기업, 서비스 기업, 사업 수준 전략, 상품 수준 전략에 따라 네 가지 유형으로 나눌 수 있다.

	사업 수준 전략	상품 수준 전략
제조 기업	유형 1 제품 관련 서비스로 사업 다각화 예) 포스코의 IT서비스업(포스코ICT)으로 확장	유형 2 부가 서비스 도입을 통해 본원적 경쟁력 강화 예) 현대자동차의 홈투홈서비스 실시
서비스 기업	유형 3 서비스 기업의 새로운 서비스 사업 진출 예) SK텔레콤의 전자상거래 사업(11번가)진출	유형 4 부가 서비스 도입을 통해 본원적 서비스 상품 경쟁력 강화 예) 현대카드의 슈퍼콘서트 개최

'유형 1'은 제조 기업이 생산하는 상품과 관련된 새로운 서비스업으로 사업을 다각화하는 경우이다. 이런 전략을 성공적으로 전개하려면 어느 정도의 인프라와 사업적 경험은 물론 자사의 상품에 대한 자신감과 함께 시장 인지도를 갖추고 있어야 한다. 예를 들어 잘 알려지지 않은 컴퓨터 제조업체가 본원적 사업에 대한 기반 없이 무작정 IT시스템 컨설팅 사업에 뛰어드는 것과 이미 소비자들의 신뢰와

인지도가 있는 IBM과 같은 회사가 사업을 확장하는 것에는 성과에서 분명한 차이가 있다.

'유형2'는 기존 상품의 경쟁력을 높이기 위해 서비스를 도입하는 경우이다. 해당 시장 내 상품경쟁력을 높이기 위해 서비스 우위 전략을 펼치는 것이다. 최근 몇몇 분야를 제외하고는 제조업에서 날이 갈수록 가격이나 기술 면에서 우위를 지키는 것이 어려워지고 있으며, 차별화된 서비스로 제품의 경쟁력을 강화하는 것이 일반적인 추세이다. 제품의 경쟁력을 강화하기 위해 기업은 기본적인 제품의 유지보수서비스에서부터 교육 및 배달서비스에 이르기까지 다양한 서비스를 시행하고 있다.

컴퓨터 제조업체는 제품과 관련된 무료강좌나 이벤트에 고객을 초대하는 행사를 통해 충성고객을 확보할 수도 있고, 완성차 생산 기업은 할부나 대출 등 차별화된 금융 서비스 혜택을 제공해 제품의 판매 경쟁력을 강화할 수도 있다.

현대자동차는 고객들의 인식 속에서 더는 '값싸고 탈 만한' 자동차 브랜드가 아니라 가지고 싶고 사랑받는 브랜드로 다시 태어나기 위해 '고객이 기대하는 것 이상의 경험과 가치를 혁신을 통해 더 많은 고객에게 제공한다.'는 의미의 '모던프리미엄(Modern Premium)'이라는 브랜드 방향성을 새롭게 정립했다. 그리고 이를 구체적으로 소비자들에게 알리고 '모던프리미엄'을 구현하기 위해 '고객을 찾아가는 비포서비스(Before Service)' '홈투홈(Home to Home)서비스' '365일 찾아가는 시승서비스' 등의 프로그램을 시행하고 있다. 이처럼 제품 구매 전후에 부수적으로 수반되는 각종 서비스는 고객에게 브랜드에 대한 신뢰를 주고 제품을 구매하는 동기로 작용한다.

'유형 3'은 기존의 서비스기업이 완전히 새로운 서비스 사업에 진출해 사업을 다각화하거나 또 다른 채널을 통해 시장을 확대하는 전략이다. 오늘날 많은 서비스기업이 기존에 제공하던 사업 영역이나 채널만으로는 경쟁에서 우위를 차지하기 어렵다는 사실을 인지하고 다양한 판매 및 유통 방식을 채택하거나 또 다른 서비스 사업으로 진출하고 있다.

이마트(E-Mart)나 교보문고는 기존의 오프라인 매장을 통해 고객에게 상품을 판매하던 방식에서 탈피해 온라인으로 판매 경로를 넓혀 시장을 확장했고, CJ는 영화관람서비스를 제공하는 영화상영관사업과 영화를 수입해 배급하는 영화배급사업을 동시에 진행함으로써 상호 간의 시너지효과(synergy effect)를 누리고 있다. 그 밖에 호텔 밀레니엄서울힐튼(Millennium Seoul Hilton)이 숙박 및 음료 사업에서 한 걸음 더 나아가 외국인 전용 카지노 사업으로 그 영역을 넓히려는 시도도 관련 서비스 사업을 개척해 새로운 성장 동력으로 삼기 위한 다각화 전략이라고 볼 수 있다.

'유형 4'는 부가서비스를 통해 본원적 서비스를 강화하는 전략이다. 서비스기업은 오늘날 치열한 경쟁 탓에 그저 서비스 상품을 제공하는 것만으로는 고객을 만족하게 할 수 없고, 또 다른 보조서비스가 필요하다는 것을 인식해 기존의 핵심적인 서비스에 지속해서 보조서비스를 추가함으로써 본원적인 서비스 경쟁력을 높이기 위해 노력하고 있다.

항공사는 단순히 비행기를 이용해 고객을 목적지까지 이동하는 서비스만을 제공해서는 경쟁력이 없다는 것을 알기 때문에 항공권 구매에서 목적지 도착에 이르기까지의 각종 서비스를 개발해 제공하고 있다.

부가서비스는 핵심서비스에 차별적인 혜택을 더하는 수단으로 사용되었으나, 최근에는 부가서비스가 본원적인 서비스보다 고객의 구매 결정에 중요한 요인으로 작용하기도 한다.

이동통신서비스는 통신사에 따라 할인 혜택을 제공하는 제휴

업체가 다르기 때문에 이동통신사 자체의 서비스를 보고 판단하기보
다는 제휴업체의 제휴할인서비스에 비중을 두고 통신사를 선택하는
고객이 늘고 있다. 그 결과 고객에게 다양하고 실속 있는 서비스를
제공하기 위한 제휴 마케팅이 성행하기도 했다.

서비스디자인 개발

서비스디자인을 개발하기 위해서는 먼저 경쟁 전략에 따라 제공하려는 서비스의 본질적이고 전체적인 특성을 이해하고 파악해야 한다. 그렇기 때문에 서비스디자인을 개발하려면 반드시 '서비스'에 대한 이해가 선행되어야 한다. 다시 말해 서비스의 목적과 목표는 무엇이고 타깃이 누구이며 무엇을 위함인지 명확히 이해해야 한다.

좀 더 구체적으로 고객이 차례로 경험하게 되는 고객 여정(customer journey) 속에서 서비스 조직이 고객에게 어떻게 대응하고, 고객과 어떤 인터랙션을 하게 되는지, 또 고객의 행로와 함께 어떤 장애와 문제가 발생하는지 관찰해야 한다. 여기에서 발견하는 고객에 대한 기업의 대응과 인터랙션은 순전히 고객의 행동과 체험에 기반을 둔 것으로 어떤 물리적 증거가 필요하며 어떤 서비스디자인을 개발해야 할지 그 단서를 제공한다. 서비스디자인은 기업의 대응이 미흡하거나 너무 평범해서 이를 경험하는 고객이 불편함을 느끼거나 어떤 감응도 생기지 않는 상황을 극복해 서비스의 놀라움을 전달하는 것이 그 목적이며, 이 과정으로 그 원인을 개선할 수 있다.

1   서비스 이해
서비스의 전략과 목적, 타깃을 명확히 한다.

2   고객 경험 관찰
고객은 어떤 여정을 거치는가. 그 과정에서 어떤 장애와 문제가 발생하는가. 눈에 띄는 터치포인트는 무엇인가.

3   서비스디자인
서비스디자인을 통해 전달하고자 하는 메시지는 무엇인가. 어떤 물리적 증거와 인터페이스가 필요한가. 무엇으로 눈에 보이지 않는 서비스를 포장할 것인가.

4 서비스디자인 프로토타입(prototype) 제작

5 서비스디자인 테스트, 평가 및 피드백

앞서 언급한 서비스디자인의 의미를 다시 풀어 서비스디자인 개발을 설명하면, 서비스 콘셉트를 디자인에 적용해 구체적으로 만져지고 보이는 서비스디자인 개발을 통해 서비스 과정에 참여하는 고객들이 경쟁 상품과 차별적으로 인식하게 하는 것을 말한다. 또한 서비스의 주목적을 보조해 서비스를 강렬하고 매력적인 것으로 인식할 수 있도록 하며 서비스를 이용하기 쉽고 편리하게 하는 것을 말한다. 그런데 서비스디자인을 개발하는 데에서 특히 어려운 점 가운데 하나는 어떻게 서비스 콘셉트를 절묘하게 담아낸 디자인을 개발하고, 전체적인 서비스디자인의 체계를 두루 이해하기 쉽게 전달할 수 있도록 설명하고 묘사할 것인가이다.

  서비스디자인은 단편적이지 않다. 서비스에는 고객, 직원 등 여러 이해관계자가 참여하고 상황에 따라 다양한 결과가 도출될 수 있으므로, 실제 환경과 유사한 가상의 서비스디자인 모델을 만들어 시뮬레이션(simulation) 과정을 거쳐야 한다. 이렇게 만든 서비스디자인 프로토타입은 이를 테스트하고 평가하는 단계를 거친다. 이를 통해 고객이 서비스를 긍정적으로 받아들이는지, 다른 문제가 발생하지는 않는지 확인해보는 것이다. 이후 피드백을 거쳐 문제점을 개선하고 보완해 서비스디자인을 완성한다.

서비스디자인 개발을 위한 팁

- 고객이 돈과 시간을 절약할 수 있도록 하라. 저렴한 비용으로 편의를 제공하되 고객이 열광하고 흥분하는 요소를 찾아라.

- 툴(tool)이나 명확한 프로세스를 제공해 고객이 스스로 문제를 해결할 수 있도록 하라. 고객이 서비스를 경험하는 과정에 지나치게 개입하고 있지는 않은지, 의미가 모호하거나 보이지 않는 장애물이 있는지 점검하라.

- 고객이 선호하고 필요로 하는 정보를 찾아라. 그리고 그 정보를 고객을 위한 서비스디자인에 반영하라.

- 고객은 단순한 감각에 의존하는 서비스디자인보다는 복합적인 경험이 가능한 서비스디자인을 결국 선택하게 된다는 점을 명심하라.

- 고객을 서비스디자인에 참여시켜라. 서비스를 직접 경험하면서 오감을 통해 얻은 정보는 고객 스스로 자부심과 믿음을 갖게 하고, 이를 통해 기업은 고객이 더 애착을 느끼는 서비스 상품을 창조하는 결과를 낳는다.

- 서비스 공급자가 제공하려는 것을 고객이 쉽게 이해하고 즐겁게 이용할 수 있도록 개발하라. 그러면 고객은 기꺼이 서비스 상품을 구매하고 다시 찾을 것이다.

- 서비스디자인 개발 프로세스에 눈이 높고 까다로운 고객을 포함하라. 그들은 평범한 고객보다 적극 참여하고 요구 사항도 많을 것이다. 그들이 서비스 경험을 통해 주는 아이디어와 피드백은 혁신적인 서비스를 개발할 수 있는 밑거름이 되고, 해당 서비스의 질을 월등히 향상하게 할 수 있는 기회를 제공할 것이다.

- 서비스와 고객과의 접점인 터치포인트에 늘 관심을 기울여야 한다. 이미 개발했거나 개발 중인 서비스에 그치지 않고 고객의 만족도에 영향을 미치는 다른 수평적인 청사진에도 적용할 수 있다.

- 보고 듣고 만지고 냄새 맡고 맛보는 등의 감각을 자극해 고객이 직접 경험할 기회를 늘려라. 각각의 단계에서 고객은 무엇을 경험하는가? 능동적이고 적극적인 고객 경험은 그만큼 긍정적인 피드백으로 돌아올 것이다.

- 프로세스를 세밀하게 관찰해보라. 고객이 프로세스의 어떤 부분과 어떻게 연관되어 있는지 이해하는 것이 중요하다. 서비스를 전반에 걸쳐 파악해보면 어떤 부분이 서비스 전체의 원활한 흐름을 방해하는지, 그리고 서비스의 질을 향상시키려면 어떤 부분을 어떻게 개선해야 하는지 알게 될 것이다. 그러면 자연스럽게 문제를 해결하거나 새로운 방법을 디자인할 수 있다.

- 서비스디자인 청사진을 적극적으로 활용하라. 청사진은 형태가 없는 서비스 프로세스를 시각적으로 디자인해 좀 더 정량적으로 변형시킴으로써 관리와 통제를 쉽게 해준다.

서비스디자인 청사진

영국 웨스트민스터대학교(University of Westminster) 빌 홀린스 (Bill Hollins) 교수의 연구 결과에 따르면 영국 기업의 약 20%만이 서비스를 개발할 때 명문화된 프로세스를 보유하고 있다고 한다. 이는 세계적으로 서비스산업이 발달한 영국에서도 서비스 개발에서 취약성과 비효율성이 발견된다는 증거이다. 서비스를 개발할 때에는 앞에서도 밝혔듯이 네 가지 주요한 특성, 다시 말해 형태가 없어 이를 객관적으로 파악하거나 평가하기 어렵고(무형성), 생산되자마자 소비되어 한순간에 모든 것이 판단되며(동시성), 서비스를 만나는 순간순간 수많은 변수로 그 질을 일정하게 유지하기 어렵고(이질성), 제품과 달리 구매해서 사용하면 바로 편익이 사라져버리는(소멸성) 특성 때문에 유형의 제품을 개발할 때보다 오히려 체계적인 개발 방법이 필요하다. 그뿐 아니라 일반적인 제품 개발과 마찬가지로 서비스디자인이 비즈니스에서 중요한 역할을 담당하는 요소로 기업 내에서 인정받기 위해서는 서비스디자인을 개발할 때에도 명확한 근거와 체계적인 개발 방법을 제시해야 한다.

주택을 지을 때나 조그마한 장난감을 조립할 때에도 완성품을 구성하는 각종 부품과 조립 방법이 명시된 설계도나 설명서가 필요하듯 서비스디자인을 개발할 때에도 그 서비스에 대한 구체적인 사항이 명시된 큰 그림이 필요하다. 이를 '청사진'이라 한다.

서비스디자인 청사진에는 서비스디자인을 개발, 실행, 유지하는 데 필요한 모든 유·무형적 자원과 프로세스가 누구나 알아볼 수 있는 객관적 용어로 가능한 한 자세히 나타내야 한다. 이는 서비스디자인 개발에 참여하는 사람들, 주로 마케터, 디자이너, CS(customer satisfaction) 담당자 등의 배경이 다양하더라도 쉽게 이해할 수 있어야 한다. 또한 개발된 서비스디자인이 효율적으로 실행되고, 지속해서 유지 및 수정, 보완하는 데 참여하는 모든 사람들이 이해할 수 있도록 보편타당한 기호와 용어를 사용해야 한다. 서비스디자인 청사진은 구체적으로 자세하게 서비스디자인을 설명하도록 만들어진 마스터플랜(master plan)과 같다.

서비스디자인 청사진은 이를 개발하는 시점과 개발하는 팀에만 필요한 것이 아니다. 은행, 학교, 병원, 통신, 금융 등 각종 서비스를 제공하는 조직의 전체적인 서비스와 밀접하기 때문이다. 그래서 서비스디자인 청사진은 서비스를 개발 및 실행하고 종업원을 교육하는 모든 단계, 그리고 제공하려는 서비스와 연관된 모든 조직의 부서에 필요하다. 따라서 서비스디자인 청사진은 서비스디자인 개발의 시작이자 기준이 되어야 하며, 서비스를 개발한 뒤 그 서비스에 관련된 모든 사람이 서비스디자인을 한눈에 파악하고 이해할 수 있도록 작성해야 한다.

모든 서비스디자인 개발은 '청사진'에서 시작한다. 심지어 길거리에서 군것질 거리를 파는 노점상이라 해도 청사진은 노점상이 제공할 수 있는 훌륭한 서비스를 위해 반드시 필요한 요소이다. 따라서 서비스디자이너의 첫 번째 임무는 모든 사람이 이해할 수 있는 청사진을 작성하는 것이다. 서비스디자이너는 끊임없이 질문을 던지며 서비스를 제공하는 일련의 과정 속에서 일어날 수 있는 온갖 상황을 염두에 두고 청사진을 작성해야 한다. 또한 완벽한 청사진은 없다는 점을 명심하고 늘 업데이트에 신경 써야 한다. 서비스는 그 무형성만큼이나 변화무쌍한 모습으로 나타나기 때문에 서비스 전략 혹은 상황의 변화에 따라 청사진 역시 유동적이어야 한다.

서비스디자인 청사진의 장점

- 복잡하고 모호한 서비스 상품에 관한 모든 디자인을 한눈에 파악하고 이해할 수 있다.

- 시간의 흐름에 따라 구체적으로 작성해 분석하므로 상세한 계획을 수립하기 쉽고 시장의 변화에 빠르게 대처할 수 있다.

- 전체적인 디자인을 한눈에 파악할 수 있으므로 실행 전에 문제점을 명확하게 종합적으로 짚어낼 수 있으며, 이를 중점적으로 관리할 수 있다.

- 서비스를 이용하는 고객의 불편이나 발생할 수 있는 문제점을 미리 파악할 수 있으므로 프로세스에 필요한 각종 개선점이나 기회를 발견하기 쉽다.

- 세부 단계의 순위와 관계를 유기적으로 파악할 수 있어서 정확한 분석과 계획 수립이 가능하다.

- 시간을 단축하고 비용을 절감할 수 있다.

- 대개 서비스디자인 관계자 전원이 작업에 참여하므로 의사소통이나 정보 교환이 용이하며 보고 체계가 확립된다.

- 구성을 시각화해 서비스디자인 개발 경험이 적은 사람이라도 이해하기가 쉬워 교육 효과가 크다.

미국 카네기도서관(Carnegie Library of Pittsburgh)의 서비스디자인을 위한 청사진
자료 제공: 마야디자인(MAYA Design)

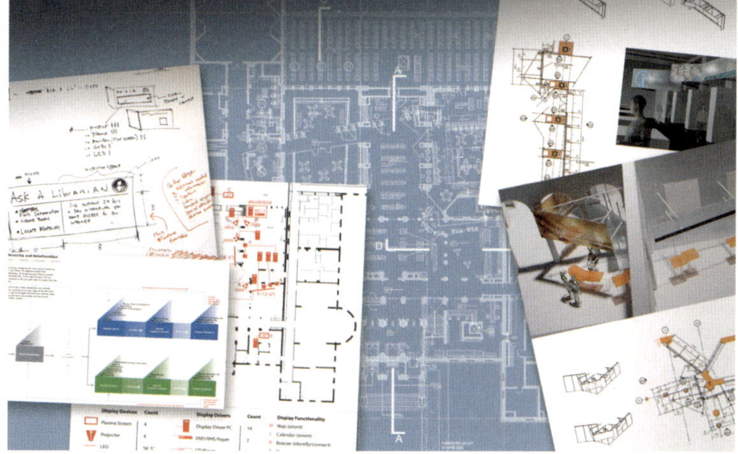

서비스 청사진 vs. 서비스디자인 청사진

청사진은 어떤 프로젝트를 달성할 때 필요한 전 작업의 내용을 순서에 따라 알기 쉽게 표시한 일종의 다이어그램이다. 이런 식으로 프로젝트의 흐름과 프로세스를 표시하는 기술은 이미 프로젝트 관리(project management)를 위해 오래전부터 있었는데, 그 대표적인 것이 PERT(Program Evaluation & Review Technique)와 CPM(Critical Path Method)이다.

PERT는 1958년 미 해군 군수국 특수 프로젝트팀에서 폴라리스(Polaris) 잠수함용 미사일의 개발 진척 상황을 확인하고 관리 및 통제하기 위해 부즈앨런해밀턴(Booz Allen Hamilton)에 의뢰해 개발한 것으로 실용성을 인정받아 널리 사용되었다. PERT는 프로젝트를 구성하는 각 분야를 세분화해 작업의 순서와 소요 시간 등을 네트워크 형태로 나타낸 그림으로 통상 프로젝트를 구성하는 작업 내용은 '이벤트(event)'라 해서 원으로 표시하고, 각각의 작업을 '액티비티(activity)'라 해서 소요 시간과 함께 작업 순서에 따라 화살표로 표시한다.

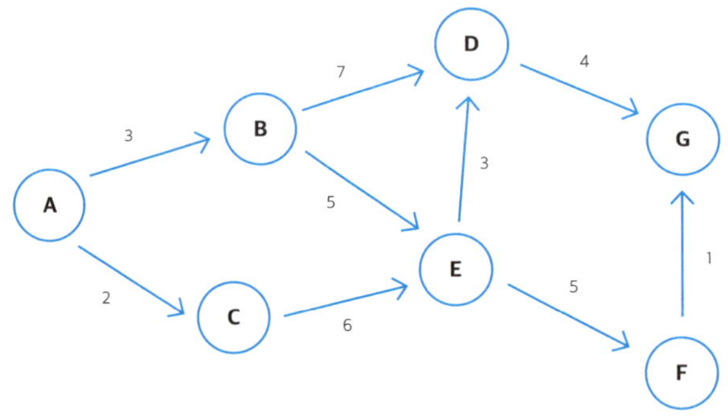

PERT의 예
숫자는 소요 시간

PERT는 특정한 이벤트 간의 관계와 시간적 순서를 한눈에 파악할 수 있도록 시각적인 도표로 프로젝트를 표현해놓은 것으로 각 이벤트를 조직하고 스케줄을 작성해 진행 사항을 추적하고 통제함으로써 프로젝트를 제한된 기간 안에 완료할 수 있도록 도와주는 관리 방법 가운데 하나이다.

CPM은 PERT와 유사한 네트워크 상의 논리 구성으로 일정한 기간 안에 최소의 비용으로 프로젝트를 완수할 수 있도록 최적의 스케줄을 설계하는 관리 방법이다. 1956년 미국 듀퐁(Dupont)에서 화학 처리 공장을 건설하는 프로젝트를 관리하기 위해 개발해 1958년까지 사용했다.

PERT가 주로 공정 기간을 단축하기 위해 주요 경로를 설정하고 이를 집중 관리함으로써 전체 일정을 단축하거나 납기일을 맞추기 위한 스케줄 중심의 모형이라면, CPM은 활동 중심의 시스템으로 비용의 최소화를 목적으로 설계된다. PERT와 CPM은 그 실용성을 인정받아 널리 보급되면서 상호 보완적인 개념으로 인식되어 최근 이 두 방법의 장점만을 모은 'PERT/CPM'이라는 관리 모형을 주로 사용한다.

청사진이라는 용어와 이론은 이미 서비스 마케팅 분야에서 서비스를 개발할 때 이를 고안하고 설계하기 위해 서비스에 대해 자세히 설명해놓은 명세서와 같은 의미로 사용되어왔다. 다시 말해 PERT나 CPM 등의 기법을 목적에 맞게 선택해 서비스디자인을 개발할 수 있도록 적절히 활용한 것이라 할 수 있다.

서비스의 구조적 프로세스 설계를 위한 서비스 청사진은 1987년 린 쇼스탁(G. Lynn Shostack)이 처음 개발했다. 서비스 청사진에서 말하고 있는 청사진의 그림은 다음과 같다.

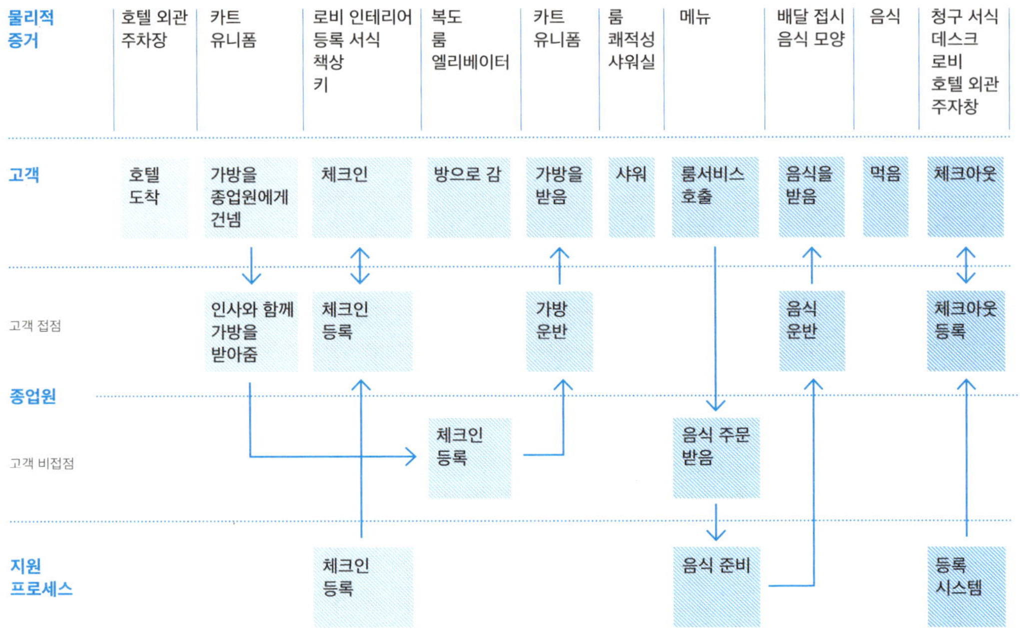

호텔 숙박서비스에 대한 청사진
출처: 발레리 자이타믈(V. A. Zeithaml) 외 지음, 전인수 외 옮김, 『서비스 마케팅(Service Marketing)』, 석정, 2006

서비스 청사진은 서비스 전반에서 발생할 수 있는 다양한 영역과 기술, 특히 물류나 의사 결정, 컴퓨터 시스템, 인사 조직을 포함하는 서비스 프로세스에 대한 정의와 설명을 포함한다.

하지만 서비스디자인을 위한 청사진에서는 서비스를 제공하는 입장에서 서비스를 운용하기 위한 물류 시스템, 의사 결정 시스템, 조직 시스템까지 포함하기보다는 서비스를 경험하는 고객에게 발생하는 모든 것에 주목한다. 이런 청사진의 형태와 방법에는 일정한 규칙이 있는 것이 아니며 상황과 조건에 따라 형태가 달라질 수 있다. 따라서 그 중심에는 서비스를 이용하는 고객이 자리한다. 다시 말해 고객이 서비스를 탐색, 구매, 평가하는 단계에서 예상되는 경험과 활동을 중심으로 서비스 조직은 어떻게 대응하고, 이에 따라 어떤 물리적 증거가 고객에게 제공되는지 서비스디자인 청사진으로 한눈에 알아볼 수 있어야 한다. 서비스디자인 청사진은 고객이 상황별로 겪게 되는 경험을 중심으로 전개된다. 상황에 따라 고객에게 어떤 것을 제공해왔고 제공해야 하는지, 또 나타나는 장애는 무엇이고 어떻게 이를 해결해야 하는지 파악할 수 있기 때문에 어떤 서비스디자인을 개발할지 결정하는 데 중요한 역할을 한다. 따라서 가능한 한 구체적으로 자세히 그려야 한다. 청사진의 목적에 따라 실제 고객의 반응을 표현할 수도 있고, 다른 한편으로는 기업이 원하는 고객의 반응을 나타낼 수도 있다. 혹은 두 가지 모두를 표현해 두 관점의 차이점을 드러나게 해서 서비스디자인의 개선과 보완을 꾀할 수도 있다.

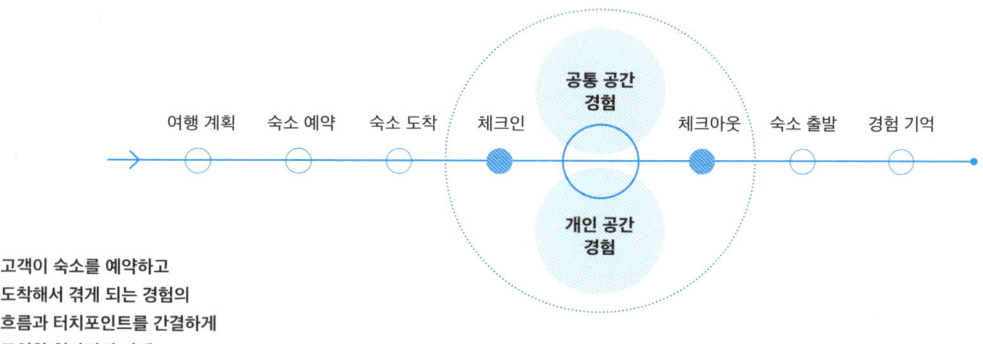

고객이 숙소를 예약하고 도착해서 겪게 되는 경험의 흐름과 터치포인트를 간결하게 표현한 청사진의 사례
출처: 앨리나 휠러(Alina Wheeler), 『디자이닝 브랜드 아이덴티티(Designing Brand Identity)』, 와일리(WILEY), 2006

서비스디자인 청사진의 주요 요소들

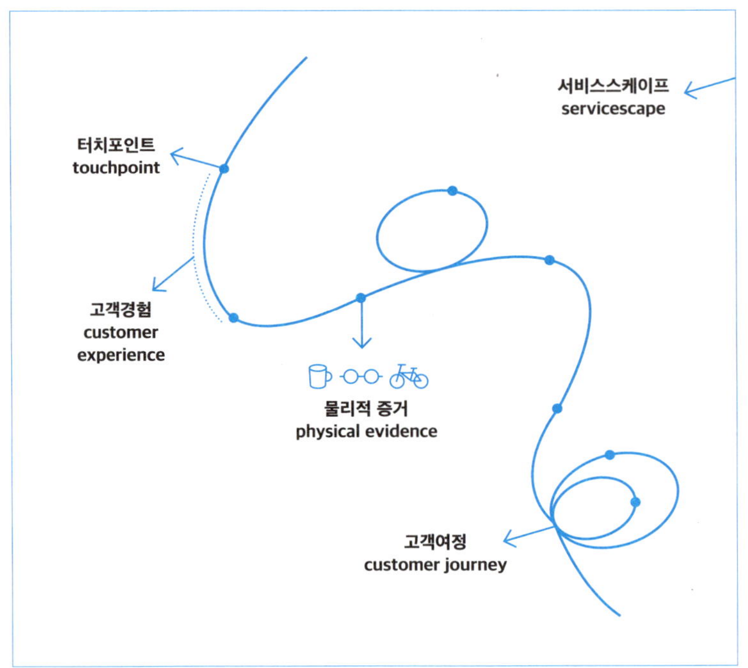

위 그림은 서비스디자인 청사진의 주요 요소들에 대한 개념 다이어
그램이다. 이 다이어그램은 서비스디자인 청사진에서 고려되어야
할 것들을 개념적으로 나타낸다.

먼저, 서비스스케이프(servicescape)는 서비스가 일어나
는 유·무형의 공간과 장소를 나타낸다. 이는 물리적 장소일 수도 있
고, 시간적인 장소일 수도 있으며, 단지 서비스를 느끼는 고객 마음
속의 장소일 수도 있다. 고객여정(customer journey)은 서비스가
시작하는 시점부터 끝날 때까지 고객이 생각하고 판단하고 행동하
는 경로를 나타내는 선이다. 만약 서비스가 일어나는 서비스스케이
프가 일정한 면적을 확보한 공간일 경우 고객은 일정하게 움직이므
로 곡선으로 표현된다. 이 고객 여정 상에서 발생하는 고객과 서비

스와의 모든 접점을 '고객과 닿는 순간'이라는 의미의 터치포인트(touchpoint)라 해서 청사진 상에서 원으로 나타내고, 그 터치포인트를 기준으로 생산되는 유형적으로 보이는 증거물은 물리적 증거(physical evidence)라 한다. 터치포인트와 물리적 증거는 거의 같은 의미로 사용되지만 물리적 증거가 터치포인트보다는 유형적인 속성을 뚜렷이 보여주는 특징을 지닌다. 마지막으로 터치포인트와 터치포인트 사이에서 고객이 하게 되는 경험을 고객경험(customer experience)라 부른다. 이제 각 요소들에 대해 다음에서 좀 더 자세히 알아보자.

서비스스케이프(servicescape)

서비스스케이프는 고객이 서비스를 경험하게 되는 유·무형의 공간을 나타낸다. 이는 물리적 공간일 수도 있고, 시간적 공간일 수도 있으며, 단지 서비스를 느끼는 고객의 마음속 공간일 수도 있다. '서비스(service)'와 경치, 풍경 등을 의미하는 '스케이프(scape)'라는 접미사와 합성한 용어로 인위적으로 디자인된 물리적 서비스 공간을 말한다. 물리적 공간에서는 사람, 프로세스와 증거물의 연관 관계를 나타내는 디자인이 가장 큰 이슈가 된다. 서비스스케이프는 보통 외부 환경과 내부 환경으로 나눌 수 있다.

고객 여정(customer journey)

고객 여정은 서비스가 시작되는 시점부터 끝날 때까지 고객이 생각하고 판단하고 행동하는 경로를 의미한다. 만약 서비스가 일어나는 서비스스케이프가 일정한 면적을 확보한 공간일 경우 고객은 일정하게 움직이므로 곡선으로 표현된다. 고객 여정은 고객이 서비스를 위해 행하는 모든 행동과 거치게 되는 행로를 말한다. 예를 들어 슈퍼마켓에 가서 우유를 산다고 가정해보자. 가장 먼저 슈퍼마켓으로 걸어 들어갈 것이고, 우유가 있는 냉장고를 찾을 것이며, 우유를 집어 들고, 주인에게 돈을 낸 다음 밖으로 나올 것이다. 이것이 보통 우리가 우유를 사기 위해 행하는 과정이다. 서비스디자인에서는 이를 고객 여정이라고 하는데, 서비스를 디자인하기 위해 서비스디자이너가 반드시 머릿속에 그려보아야 하는 과정이다. 만약 이 고객 행로가 보다 광범위하고 복잡하다면 우리는 무언가 도움을 받아야 할 것이다.

터치포인트(touchpoint)

터치포인트는 고객의 서비스 경험을 구성하는 요소를 말한다. 터치포인트는 광고, 매장, 웹사이트, 청구서, 콜센터, 안내장, 종업원 등 셀 수 없이 많은 형태일 수 있다. 이 모든 것이 고객이 서비스를 이용할 때 감각적으로 경험할 수 있는 유형의 요소들이다. 서비스를 디자인할 때에는 서비스 프로세스

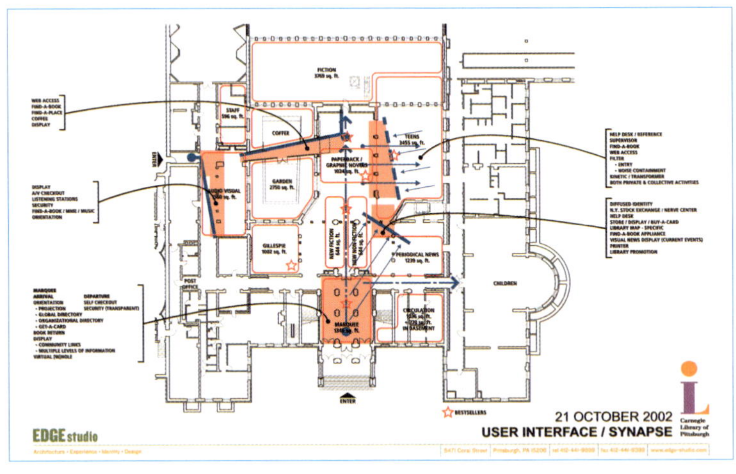

카네기도서관의 서비스 공간에 존재하는 수많은 터치포인트

자료 제공: 마야디자인

의 모든 터치포인트를 예상하고, 명확하고 일관되게 통합된 고객 경험을 창조하기 위해 터치포인트를 그려야 한다. 이를 모두 그려낼 때 고객 서비스의 여정을 디자인할 수 있다.

물리적 증거(physical evidence)

서비스의 물리적 증거는 고객이 서비스의 터치포인트를 경험할 수 있게 하는 디자인된 유형의 것을 총체적으로 말한다. 서비스디자이너는 증거물을 고객이 경험하게 될 서비스를 예상하고 이를 가장 효과적으로 경험할 수 있도록 디자인해야 한다. 기업은 서비스디자인 청사진을 통해 고객이 어떤 터치포인트와 접촉하는지 알 수 있고, 이를 유형화한 물리적 증거로 눈에 보이지 않는 서비스의 한계를 극복할 수 있다. 또한 물리적 증거에 대한 고객의 반응을 예측하게 되므로, 어느 정도 서비스의 질에 관한 판단이 가능해 서비스 도중 맞닥뜨릴 수 있는 위험을 방지하는 효과도 있다. 궁극적으로 서비스의 물리적 증거는 고객과 협력자들의 추상적 평가가 아닌 구체적인 체험을 통해 그들의 가정을 점검해볼 기회를 제공한다. 터치포인트는 고객 여정에서 만나는 고객과 서비스의 모든 접점을 의미한다. 이 터치포인트를 기준으로 생성되는 유형적 증거물을 물리적 증거라 한다. 터치포인트와 물리적 증거는 거의 같은 의미로 사용하지만, 물리적 증거가 터치포인트보다 유형적 속성을 뚜렷이 나타낸다.

서비스에콜로지(service ecology)

서비스에콜로지는 서비스를 이루는 구성원의 상호 관계와 그 시스템을 말한다. 서비스에콜로지 맵핑은 서비스가 작동하는 맥락과 서비스의 체계적인 관점을 구축하기 위해 사용하는 프로세스이다. 서비스 조직은 새로운 기회를 발견하고 아이디어를 얻어 전체적인 서비스 콘셉트를 구축하기 위해 서비스의 영향을 받는 주체와 그들이 서로 관계하는 양상을 그림으로 나타낸다. 이는 궁극적으로 보면 서비스 조직은 지속적인 서비스에콜로지를 창조하기 위해 노력하는 것이다.

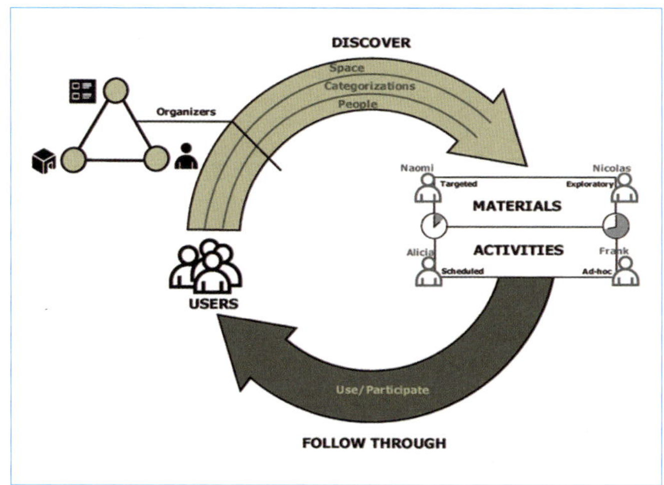

서비스에콜로지의 예를 보여주는 다이어그램
자료 제공: 마야디자인

프로토타이핑(prototyping)

프로토타이핑은 서비스디자인을 통해 제시된 모델을 실제적인 구현과 시뮬레이션을 통해 그 타당성이나 성능 등을 검토하기 위해 실제로 미리 초기 모형을 만들어 보는 방법론이다. 제품을 미리 실제 모형으로 만들어 여러 가지 실험을 거친 다음 양산에 들어가는 것처럼 서비스 프로토타입도 본격적인 적용에 앞서 다양한 서비스 터치포인트를 물리적 증거로 디자인하고, 서비스 경험을 위한 장면과 장소, 시간을 설정하고, 서비스에 참여하는 고객과 직원, 전문가를 실제로 참여시

켜 가장 이상적인 서비스 환경을 실제로 구현해 시뮬레이션
해야 한다. 프로토타이핑은 한 가지 또는 몇 가지 조건을 갖
추고 운영하는 것이 아닌 실제로 공간과 시간이 움직이는 상
황에서 서비스와 함께 제공되는 각종 제품, 공간, 시스템, 프
로세스가 동시에 서로 연관을 맺으며 진행되는 것을 경험하
게 하는 프로세스적 접근 방식이다. 따라서 이는 실제 환경과
같이 조성한 경험 프로토타이핑을 통해 유·무형의 복합적인
서비스디자인의 문제점을 찾아내 개선하는 데 매우 유용하다.

물리적 증거의 중요성

물리적 증거는 고객이 서비스를 경험하는 과정에서 고객과 조직의 인터랙션을 담당하는 기능을 한다. 서비스의 무형성을 극복할 수 있는 가장 좋은 수단으로 공간디자인, 제품디자인, 정보디자인, 아이덴티티디자인, 디지털미디어디자인으로 표현한 서비스디자인이 대표적인 예이다.

물리적 증거는 고객의 서비스에 대한 이해를 돕거나 보완하는 물리적 형태를 지닌 단서이다. 이는 서비스를 구성할 때 손으로 만질 수 없는 서비스의 속성을 극복하고, 고객에게 전달하는 서비스를 구체화하는 것을 의미한다. 또 서비스의 이질성과 동시성을 극복하고, 서비스와 만나는 순간 고객의 뇌리에 각인되는 기억과 인상을 보완, 강화 및 유도, 통제할 수 있는 단서를 제공한다. 유기적인 서비스디자인으로 이런 물리적 증거를 통합적으로 완성해야 한다.

서비스 기업은 이런 물리적 증거를 통해 고객에게 서비스를 제공하고, 고객은 이를 통해 서비스를 경험한다. 고객은 물리적 증거로 서비스를 선택하고 평가하는 경향이 있기 때문에 이는 고객에게 서비스에 대한 신뢰와 믿음을 심어주는 데 중요한 역할을 담당한다.

일례로 대한항공에서는 새로운 디자인의 유니폼을 도입해 자사 서비스를 혁신하고 고객 만족을 실현하겠다는 포부를 밝혔다. 아시아나항공에서도 대다수 고객이 일반석을 이용한다는 점을 고려해 그 명칭을 '이코노미 클래스(economy class)'에서 '트래블 클래스(travel class)'로 변경해 물리적 증거를 통해 대(對)고객 서비스에 최선을 다하겠다는 의지를 나타내고 있다.

이제 서비스의 물리적 증거에 대해 체계적이고 구체적으로 살펴보자. 비트너(M. J. Bitner)는 1992년 《마케팅 저널(Journal of Marketing)》에 발표한 논문 「서비스스케이프(Servicescapes: The Impact of Physical Surroundings on Customers and Employees)」에서 서비스 유형을 셀프서비스(self service), 상호 간 서비

스(interpersonal service), 원격서비스(remote service)로 분류했는데, 이를 바탕으로 서비스 유형을 재분류하면 다음과 같다.

분류	내용	사례
셀프서비스	고객이 서비스 종업원의 도움 없이 직접 서비스를 실행하는 것	셀프 세차 서비스, 셀프 주유 서비스, 자동 증명서 발부 서비스, 각종 웹 서비스 등
상호 간 서비스	고객이 서비스 종업원의 도움을 받아 실행하는 서비스	의료서비스, 금융서비스, 교육서비스, 환대서비스, 미용서비스 등
원격서비스	고객과 대면하지 않고 서비스 제공자에 의해 실행되는 서비스	자동음성서비스, 청구서발송서비스 등

셀프서비스는 고객이 직접 서비스를 주도해 실행하는 것으로 여타 서비스와 달리 서비스 기업의 직원이 개입하지 않는다. 현금자동입출금기로 돈을 찾거나 세차나 주유 같은 서비스를 직접 수행하는 경우가 여기에 해당한다. 이런 셀프서비스는 서비스 기업의 직원이 고객의 요구에 응대하거나 개입하지 않기 때문에 고객이 무리 없이 셀프태스크(self task)를 해낼 수 있도록 디자인된 현금자동입출금기나 셀프 주유기 같은 물리적 증거물의 역할이 중요해진다.

셀프서비스에서는 키오스크나 웹사이트 같은 물리적 증거, 다시 말해 기계와 서비스를 직접 수행하는 고객 사이의 인터페이스가 서비스를 실행한다. 이를 통해 서비스 기업은 인건비를 줄이고, 서비스 프로세스를 단순화하는 기회를 얻을 수 있다. 하지만 다른 일대일 서비스처럼 고객의 반응에 유연하게 대처할 수 없기 때문에 제품디자인이나 정보디자인 같은 물리적 증거를 체계적이고 면밀하게 개발해야 한다.

상호 간 서비스는 고객이 서비스 기업 직원의 도움을 받아서, 다시 말해 고객과 종업원 간의 인터랙션에 따라 실행되는 서비스를 말한다. 의료서비스, 금융서비스, 교육서비스, 환대서비스, 미용서비스 등 우리가 일반적으로 알고 있는 서비스가 여기에 해당한다. 상호 간 서비스는 기업의 일원이 직접 고객의 요구에 응대해야 하므로 인건비 부담이 따르지만 해당 직원의 역량에 따라 고객에게 유동적인 서비스를 제공할 수 있다는 장점이 있다. 반면 직원마다 다른 응대로 일관적이지 않은 서비스 메시지를 고객에게 전달해 혼란을 일으킬 수도 있다. 하지만 이런 유형의 서비스에서 필요한 유니폼, 명함, 안내 책자 같은 물리적 증거를 통해 서비스의 유동성이 일으키는 모호함이나 비일관성을 극복할 수 있다.

콘퍼런스(conference) 장소를 대여하려는 고객이 한 고급 호텔 담당자를 만나 이에 대해 상담하는 경우를 가정해보자. 고객이 장소 대여에 대해 이것저것 물어보는 과정에서 담당자가 적절한 답변을 하지 못하고 우물쭈물하더라도 호텔에서 고객이 발견할 수 있

영국 맨체스터국제공항 기내 수화물 측정 기구
항공사의 규정상 기내에 가지고 들어갈 수 있는 짐의 무게가 한정되므로 고객의 짐이 그 기준에 적합한지 공항 직원의 도움 없이 직접 측정할 수 있도록 디자인된 서비스 제품이다. 이는 공항 직원의 업무 부담을 줄이는 것은 물론 공항 이용 고객과의 실랑이를 없애는 효과를 발휘한다.

는 여러 물리적 증거, 예를 들어 담당자가 건네는 명함에 담긴 고급 호텔 브랜드 이미지, 디자인이 돋보이는 세련된 안내 책자, 유명 디자이너가 디자인한 호텔 인테리어 등에 매료된 고객은 담당자의 실수를 너그럽게 용서하고 그 호텔을 콘퍼런스 장소로 결정할 것이다.

원격서비스는 서비스 제공자가 소비자와 대면하지 않고 원거리에서 일방적으로 실행하는 서비스를 말한다. 매달 정해진 날짜에 통신, 방송, 신문 등의 서비스 제공자가 발송하는 요금청구서나 자동 안내서비스가 여기에 해당한다. 원격서비스는 공급자가 일방적으로 제공하는 서비스로 고객의 다양한 요구에 대응하기 어렵다. 물리적 증거에 대한 면밀한 검토가 이루어지지 않으면 첫 만남에서 고객에게 불쾌하고 나쁜 이미지를 남길 수 있으므로 주의해야 한다. 원격서비스에서 가장 큰 비중을 차지하는 물리적 증거가 바로 요금청구서이다. 요금청구서에 효과적이고 이해할 만한 정보 전달은 무시한 채 요금을 청구하는 일방적인 공급자의 요구만 있다면 소비자의 뇌리에 불쾌한 서비스 브랜드로 각인될 수 있다.

이처럼 서비스에서 물리적 증거는 서비스를 구체화한 증거물로 서비스디자인은 결국 이 물리적 증거에 대한 포괄적이고 통합적인 디자인을 의미한다. 따라서 현재 단편적으로 사용되는 물리적 증거는 서비스디자인 개발에 매우 중요한 기초적 의미를 부여한다.

하지만 서비스디자인은 단편적인 물리적 증거, 그 이상의 것이다. 물론 물리적 증거를 기반으로 단순히 보이는 이미지와 느낌을 전달하기도 하지만 비즈니스에서 발생하는 각종 문제를 디자인으로 해결하기 위한 단계로까지 상승한다.

건강관리 분야에서의 서비스디자인

메이요클리닉
Mayo Clinic

미국 미네소타 주 로체스터에 있는 병원으로 존스홉킨스병원(Johns Hopkins Hospital)과 함께 미국의 양대 병원으로 꼽힌다. 1883년 의사인 윌리엄 메이요(William Worrall Mayo)가 세웠다. 병상만 해도 2,000개가 넘고, 교수와 전문의, 박사가 3,700여 명에 이르며, 간호사를 비롯해 전체 의료진은 5만 명이 넘는다. 정밀한 검사와 환자 중심의 서비스로 이름이 높아 세계 각지에서 찾아오는 환자가 많다. 수술 여부를 결정할 때에도 관련된 여러 과의 교수들이 모여 함께 진찰하고 위원회를 열어 토론과 투표 끝에 결정을 내리는 등 환자 중심의 의료서비스를 제공한다.

건강관리 서비스 제공의 어려움

2000년 초 메이요클리닉의 의사였던 니콜라스 라루소(Nicholas LaRusso) 뿐 아니라 건강관리서비스 기업들은 몇 가지 심각한 문제에 직면했다.

첫째, 의사들은 환자를 치료하는 것보다 행정 업무를 처리하는 데 더 많은 시간을 쏟아야 했다. 소송이 일반화되고 환자의 개인 정보 보호를 위한 법률이 제정되었다. 또한 정부 보험 보상 시스템이 가동하고, 의료 시스템이 고도화·전문화됨에 따라 복잡해지면서 의사들이 환자를 순수하게 진료하기보다는 서류를 작성하고 환자에게 건강 상태를 알리는 등 사건과 사고를 미리 방지하기 위한 방어적 업무에 매달려야 하는 상황이 된 것이다.

둘째, 의사들은 메디케어(Medicare, 65세 이상의 노인이나 신체장애인에 대한 미국 의료보험제도)에 따른 부담으로 원가 절감이라는 과제에 대해 고민하게 되었고, 클리닉과 병원은 수지타산을 맞추기에 급급했다. 의사들은 급기야 메디케어 환자들을 진료하는 것을 거부하거나 그들에게 제공하는 의료서비스의 질을 낮추어 수지타산을 맞추기 시작했다. 이러한 상황은 높은 효율이 필요한 때라는 것을 말해준다.

그러나 중요한 걱정거리는 다른 곳에 있었다. 식생활의 변화로 비만과 당뇨가 증가했고, 이는 큰 사회 문제로 확대되었다. 메이요클리닉은 이런 문제에 대한 예방과 사람들의 건강 증진을 위해 노력하지 않을 수 없었다. 그러한 와중에도 사람들은 높은 수준의 의료 환경을 요구했다.

치안, 교육, 항공을 포함한 수많은 서비스산업에서는 자신의 프로세스를 자세히 관찰하고 이를 데이터베이스화해서 혁신을 도모하곤 한다. 그 결과 다양한 서비스 분야에서 서비스 시스템의 효율성은 높아지고 오류는 줄어들었다. 그러나 의료서비스는 1950년대 이래로 거의 변화가 없었다고 해도 과언이 아니다. 신약과 새로운 의료 장비는 미국인들이 전보다 건강하고 오래 살게 된 것을 의미하지만, 의료서비스에 대한 경험은 더욱 복잡하고 혼란스러워졌다. 이런 모든 사실은 곧 의료서비스에서 개선해야 할 점이 매우 많다는 것을 보여주는 증거이다.

메이요클리닉의 도전

라루소는 끊임없이 자신에게 물음을 던지기 시작했다. '우리가 임상 시험 과정에서 신약을 테스트하는 것처럼 의사와 환자 간의 새로운 인터랙션에 대해서도 테스트해 의료서비스 경험을 혁신해볼 수 있지 않을까?' 의료 기술의 엄청난 발달로 신약, 장비 등은 지난 50여 년 동안 꾸준히 발전해왔지만, 검사, 치료, 관리로 이어지는 의료서비스 경험은 이를 제공하는 쪽이나 환자에게 더욱 복잡해지고 어려워지고 있다.

이런 것들이 쉬워진다면 어떨까? 라루소는 스스로 의문을 던졌던 것처럼 이런 건강관리에 대한 환자들의 복잡한 경험이 단순화되고 쉬워진다면, 신기술, 새로운 진단 테스트와 치료 방법 등이 훨씬 효과적으로 환자들에게 전달될 수 있음을 확신했다.

라루소는 IDEO와 같은 디자인 컨설팅 회사들이 사용자 중심의 디자인에 대한 컨설팅 서비스를 제공한다는 것을 들었다. 그는 그런 작업이 다른 분야에서와 마찬가지로 의료 환경에도 적용해 효과를 낼 수 있다고 확신했다. 이미 메이요클리닉은 20세기 초에 환자 의료 기록을 보관하고 관리하는 등의 건강관리 업무를 혁신했고, 언제나 환자들의 의료서비스 경험을 향상시키는 방법을 찾기 위해 고민해왔다.

2002년 라루소와 그의 동료인 마이클 브레넌(Michael Brennan) 박사는 IDEO와의 협업을 통해 'SPARC(See Plan Act Refine Commu-nicate)'이라는 외래 환자 연구소를 열었다. 이 연구소는 의사와 디자이너가 함께 모여 의료서비스의 제공자와 소비자 간의 다양한 상황을 가정하고 그들의 상호작용을 연구하는 곳이다.

2008년에는 6년 만에 작은 벤처기업으로 시작한 연구소가 기업으로 불릴만한 규모의 혁신센터로 성장했다. 병원으로 걸려오는 초기 전화 문의에서부터 클리닉 방문, 문제에 대한 진단과 치료, 이어지는 예방 활동까지 의료서비스의 모든 경험을 연구하는 헌신적인 연구 기관으로서 말이다.

2010년 이 혁신센터는 메이요클리닉의 컨설팅 조직으로서 그 가치를 인정받았다. 건강관리와 관련된 다양한 서비스 상황을 리디자인(re-design)할 수 있는 다섯 가지 플랫폼을 구축했고, 직원은 2명에서 32명으로 늘어났다. 이들은 실제 상황의 업무 순서를 재정립하고, 환자를 교육하기 위한 새로운 전략을 수립했다. 또한 의사들의 업무 효율을 높이는 방안을 모색하고 전통적인 의료 환경을 리디자인하는 등의 프로젝트를 수행했다.

디자인적 사고와 의료서비스

2000년대에 들어서면서 디자인이 사용자에게 제공할 수 있는 서비스의 범위는 다양화되고 넓어졌다. 제품디자인은 쇼핑카트나 채소껍질제거기처럼 사용자에게 유용하고 사용의 기쁨을 창조해내기 위해 사용자의 행동과 욕구를 연구하기 시작했고, 서비스디자인은 사용자의 경험을 향상시키기 위해 항공여행이나 교육과 같은 복잡한 서비스 시스템을 설계하는 일에 관여했다. 또한 인터랙션디자인은 인간과 기술 간의 상호작용을 향상시키는 데 중점을 두게 되었다.

IDEO와 같은 디자인 컨설팅 회사들은 최적의 사용자 경험을 창조하기 위해 '디자인적 사고'가 모든 산업에 적용될 수 있다고 목소리를 높였다.

IDEO의 CEO 팀 브라운(Tim Brown)은 다음과 같이 설명한다.

"사람들은 일반적으로 기본적 욕구를 충족하면 감성적이고 의미 있는 경험을 기대하기 마련이다. 경험서비스디자인은 제품디자인처럼 간단하지 않다. 그것은 제품, 서비스, 공간과 정보가 복잡하게 조합되어 있기 때문이다. 디자인적 사고는 이런 경험을 상상해내기 위한 도구일 뿐 아니라 바람직한 형태를 만들어 내는 데 중요한 역할을 담당한다."

메이요클리닉의 라루소와 브레넌은 디자인적 사고가 의료서비스 경험을 향상시킬 수 있는 방법을 제공해줄 수 있을 거라고 굳게 믿었다.

버진그룹(Virgin Group)이 제공하는 모든 제품과
서비스는 최고의 '품질'을 갖추고, 막대한 '가치'를 제공하고,
'혁신적'이고 기존 방식을 '타파'하며 '재미'를 주어야 한다.

리처드 브랜슨 Richard Branson
버진그룹 CEO

4

통합적
서비스디자인
커뮤니케이션

서비스디자인 커뮤니케이션

인간은 자신의 의사를 상대방에게 전달하고 상대방의 의견을 받아들일 때 주로 두 가지 언어를 사용한다. 하나는 우리가 일상생활에서 흔히 사용하는 말과 같은 비시각적 특성을 지닌 언어이고, 다른 하나는 시각적 이미지를 통한 시각언어이다. 비시각 언어는 인류의 역사를 통틀어 가장 오랫동안 사용해온 중요한 의사 전달 수단이다. 그러나 현대에 이르러 듣고 말하는 것 외에 광고, 포스터, 텔레비전 같은 시각전달 매체가 폭발적으로 증가하면서 시각 이미지를 통한 커뮤니케이션의 중요성이 날로 커지고 있다. 더욱이 기업의 경우 소비자들에게 전달해야 할 정보가 넘쳐나다 보니 짧은 시간 안에 강력한 메시지를 각인시킬 수 있는 시각 언어의 중요성과 활용도가 점차 높아지고 있다. 한편 각종 정보 기술과 미디어 기술의 발달은 시각 언어의 확산을 부추기고 있다.

클로드 섀넌(Claude Elwood Shannon)은 커뮤니케이션의 기본적 시스템이 송신자(source), 송신기(sender), 채널(channel), 수신기(receiver), 수신자(destination)의 다섯 가지 요소로 구성된다고 말했다. 여기에서 송신자는 보내고자 하는 메시지를 생성하는 역할을 한다. 생성된 메시지는 송신기가 받아들일 수 있는 방식으로 변형해야 하는데 글, 그림, 이미지 등이 여기에 해당하며 일정한 의미를 지닌 기호로 체계화하는 것을 암호화라고 한다. 송신기는 이 암호화된 기호 체계를 수신자에게 보내기 위해 각종 채널을 통해 신

클로드 섀넌의
커뮤니케이션 모델

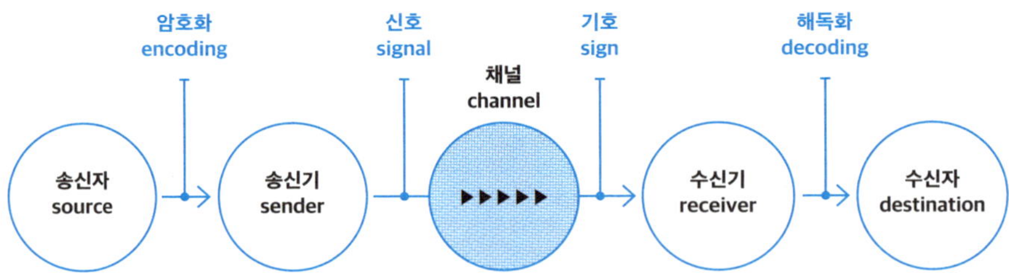

호나 자극을 구성하고, 수신자에게 이를 전달한다. 이때 송신자는 다양한 채널을 사용하고, 수신자는 암호화된 메시지를 해석하는 해독 과정을 거친다. 이렇게 최종적으로 송신자가 전달하고자 한 메시지는 수신자에게 도착한다.

우리가 흔히 사용하는 유선전화도 이와 같은 커뮤니케이션 시스템을 거친다. 송신자와 수신자는 각각 전화를 거는 사람과 받는 사람이 되고, 송신기와 수신기는 전화기가 된다. 전달하고 싶은 말이 암호화되어 이것이 신호로 변환되고, 전선을 타고 수신자에게 전달되는 것이다.

디자인이 고객과의 커뮤니케이션이라는 관점으로 이 이론을 재구성하면, 디자인은 기업이 고객에게 전달하고자 하는 정보를 신호로 전환한 자극과 고객의 감각을 유도하는 기호 사이의 채널이 된다.

여기에서 기업은 디자인을 암호화하는 주체이자 생산자이다. 다시 말해 기업은 고객에게 어떤 정보를 전달할지 계획하고, 고객에게 전달하고자 하는 유용한 마케팅 정보를 암호화한다. 그 뒤 이를 효과적으로 전달할 수 있는 방법을 선택하고 이를 디자인해 인간의 감각에 자극을 주는 신호를 전달하는 채널로 디자인을 활용한다. 고객은 기업에서 제공한 디자인을 다양한 감각 기관을 통해 전달받고 그 디자인을 해독하는 과정을 거쳐 비로소 그 의미를 수신한다. 이를 디자인 커뮤니케이션이라고 한다. 결국 서비스에서 디자인 커뮤

디자인 커뮤니케이션 모델
이원식, 2008

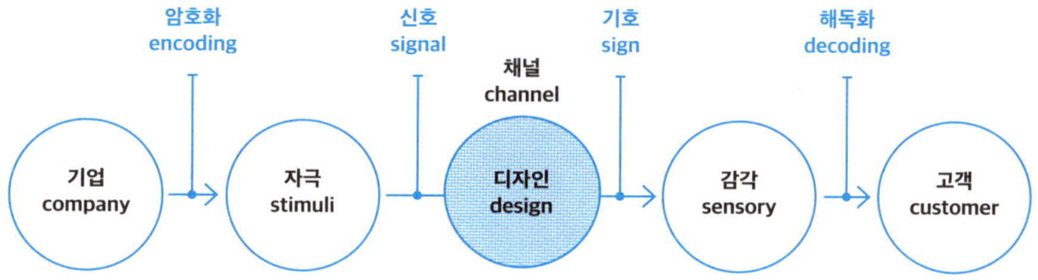

니케이션은 '전체 서비스 프로세스에서 고객의 터치포인트를 디자인해 고객과 커뮤니케이션하는 것'이다. 서비스에서 디자인 커뮤니케이션을 단계별로 좀 더 자세히 살펴보면 다음과 같다.

기업(송신자)

기업은 정보를 생성하고 송신자로서 정보를 밀어내는 역할을 한다. 기업은 어떤 서비스 정보를 고객에게 전달하고 싶은지 먼저 고민해야 하며 전달하고 싶은 메시지가 과연 디자인으로 암호화될 수 있는지도 함께 고민해야 한다. 서비스디자인으로 모든 문제를 해결할 수는 없기 때문이다. 또 메시지를 효과적으로 전달할 수 있는 디자인 분야를 선택하는 것도 매우 중요한 문제이다.

자극(송신기)

이 단계에서는 기업이 전달하고 싶은 메시지를 함축하고, 형태, 질감, 색 등 유형의 속성을 지닌 다양한 디자인으로 암호화한다. 이 때 디자인의 목적은 강력한 시각 언어로 고객에게 메시지를 전달해 감성을 자극하는 것이다. 이를 위해서는 고객이 심미적, 의미적, 상징적 감동을 받을 수 있는 디자인 언어를 창조해야 한다.

디자인(신호·채널)

디자인은 고객에게 유용한 서비스 정보를 전달하기 위해 만들어낸 자극과 기호를 연결하는 채널이다. 이 단계에서는 어떤 서비스 정보를 어떻게 디자인으로 창조할 것인가 하는 전략과 계획이 요구된다. 이때 디자인매니저의 능력이 발휘된다. 그는 서비스 마케팅과 관련해 획득한 다양한 정보를 정리

하고 분석해 제품, 공간, 정보, 아이덴티티, 디지털미디어 등
의 디자인 분야에서 서비스 정보를 가장 잘 전달할 수 있는
매체를 검토하는 등 디자인 개발을 끌고갈 수 있어야 한다.

감각(수신기)

디자인을 통해 전달된 신호는 함축적 의미가 있는 기호로서
고객의 다양한 감각 기관을 자극한다. 물리적이고 유형적인
특성을 지닌 디자인이 자극하는 감각 가운데 가장 큰 비중을
차지하는 것은 대개 시각적인 자극이지만, 서비스디자인에서
는 소리를 듣고(listen), 냄새를 맡고(smell), 감촉을 느끼고
(touch), 맛을 보는(taste) 등 다른 감각으로의 자극 확장이
필요하다.

고객(수신자)

고객은 기업이 전달하고자 하는 메시지의 최종 수신자이다.
서비스디자인에서는 단순히 고객의 감각기관을 자극하는 것
을 넘어 디자인을 통해 즐거움을 느끼고, 쾌적함을 경험하고,
안락함을 즐길 수 있는 등 고객의 요구를 충족시키는 단계로
전이된다. 또 디자인에 따른 이런 긍정적 반응은 소비자가 기
업의 디자인을 접한 뒤 경험한 서비스의 품질 평가를 향상시
키는 데 이바지한다.

서비스디자인 커뮤니케이션은 무형의 서비스를 고객이 구체적으로
느낄 수 있게 하는 중요한 활동이다. 기업이 원하는 서비스에 대한
정보를 기호화해 고객에게 전달하는 활동은, 원초적으로 인간이 의
사를 남에게 전달하고자 하는 커뮤니케이션이라는 프로세스가 오늘
날의 시장 상황과 역할에 맞게 진화한 결과라 할 수 있다.

디자인 커뮤니케이션의 강점은 무엇보다 기업이 소통하려고 하는 일반인의 교육 수준이 높지 않아 복잡한 언어 체계에 익숙하지 않더라도, 복잡한 이론을 담은 언어에 따른 커뮤니케이션보다 단순하기 때문에 많은 사람들을 쉽고 빠르게 이해시킬 수 있다는 것이다. 그것도 매우 즐겁고 흥미롭게 말이다. 디자인은 그런 것이다. 무슨 뜻인지도 모르고, 글도 제대로 읽고 쓸 줄도 모르면서 화려하고 빠른 영상을 보여주는 텔레비전에서 눈을 뗄 줄 모르는 어린아이의 본성을 우리는 성인이 된 지금도 가지고 있다. 이런 강점 때문에 기업은 고객에게 빠른 시간 안에 강한 인상을 심어줄 수 있는 디자인 커뮤니케이션이 절실히 필요하다.

오늘날 수많은 기업이 자사 상품에 대한 정보를 고객에게 전달하는 과정에서 각종 정보가 넘쳐나면서 고객은 외부에서 전해지는 자극에 무감각한 상황이 되었고, 이 터질 듯한 경쟁 시장에서 우위를 점하기 위해 기업은 좀 더 강한 자극을 제공하는 방법에 몰두한다. 이런 이유로 '감성 마케팅' '체험 마케팅' '오감 마케팅' 등의 용어가 이슈화되고 있다.

서비스 분야에서도 시장 포화, 경쟁 심화, 가격 경쟁 등의 현상이 계속되고 있다. 이런 상황에서 우위를 차지하려면 차별화된 서비스를 개발하고 이를 효과적으로 고객에게 전달해야 한다. 특히 서비스에서 중요한 부분을 차지하는 고객 체험을 적극 활용해 그 체험을 구매로 연결하는 방법을 디자인 커뮤니케이션을 통한 서비스디자인에서 찾아야 한다.

통합적 서비스디자인 커뮤니케이션 전략

대량 생산에 따른 대량 공급의 시대를 위해 매스마케팅(mass marketing)이 성행한 과거의 디자인 커뮤니케이션은 불특정 다수를 대상으로 하는 대중매체, 다시 말해 텔레비전이나 각종 인쇄 매체의 광고가 주를 이루었다.

그러나 오늘날처럼 고객과 시장이 세분화되어 다양한 욕구를 지닌 다양한 계층의 고객에게 접근하기 위해서는 시장과 고객을 더욱 세분화해야 한다. 그에 따라 디자인해야 할 터치포인트의 수 역시 엄청나게 증가했고, 그 결과 기업이 다루어야 하는 디자인 분야 역시 무척 광범위해졌다.

정보가 홍수를 이루며 기업이 쓰는 마케팅 커뮤니케이션 비용은 날로 늘어가고 있지만 고객에게 효과적으로 정보를 전달하는 일은 갈수록 어려워지고 있다. 기업이 큰 비용으로 다양한 매체를 활용해 고객을 설득하고 이해시키려 해도 각종 마케팅 정보에 매 순간 노출되는 고객의 머릿속으로 파고드는 것은 결코 쉬운 일이 아니다. 기업에서 수많은 메시지를 보낸다 해도 그 모든 것을 고객이 의미 있는 것으로 받아들이지는 않기 때문이다. 다시 말해 기업이 내

디자인 커뮤니케이션
플랫폼

제품 디자인	공간 디자인	정보 디자인	아이덴티티 디자인	디지털미디어 디자인
제품	소매점	리플릿	기업 아이덴티티	기업 웹사이트
가구	상점	브로슈어	브랜드 아이덴티티	상품 웹사이트
의자	콘셉트스토어	사인시스템	로고타입	모션픽처
키오스크	플래그숍	애뉴얼리포트	캐릭터	아바타
ATM	기업역사관	간판	레터헤드	블로그
유니폼	상품홍보관	명함	컬러	배너 광고
단말기	공장	포장	심벌	팝업 광고
기념품	사무실	인쇄 광고	트레이드마크	이메일
홍보물	로비	포스터	타이포그래피	인터넷 쇼핑
차량	박람회	쿠폰	시그니처	보이스메일
무인자판기	전시회	기업 잡지	네임	인트라넷
POP	이벤트 공간	카탈로그	마크	온라인 커뮤니티

111

보내는 정보를 고객이 얼마나 적극적으로 받아들이는지와 기업에
실질적인 이득을 가져다줄 수 있는 유용한 마케팅 정보를 제공해 고
객과 긍정적인 관계를 형성하는 것이 관건이다. 결국 얼마나 큰 비
용을 투입했느냐가 아니라 그에 따른 성과로 디자인 커뮤니케이션
활동을 평가해야 한다.

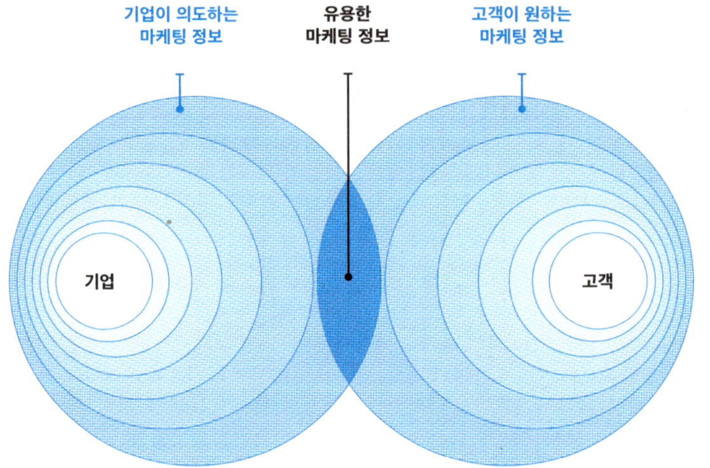

유용한 마케팅 정보의 범위

이런 흐름으로 고객과의 전방위적 디자인 커뮤니케이션이 당연해졌
고, 그 결과 통합적 디자인 커뮤니케이션(Integrated Design Com-
munication, IDC)이 도래했다.

　　통합적 디자인 커뮤니케이션은 '다양한 디자인 커뮤니케이션
채널을 통해 기업이나 상품을 명확하고 일관된 메시지로 전달하기
위해 기업이 모든 디자인 커뮤니케이션 활동을 통합하고 조정해 효
과를 극대화하는 것'으로 정의할 수 있다.

　　서비스디자인을 위한 통합적 디자인 커뮤니케이션은 기업에
서 디자인을 활용하는 분야를 크게 제품디자인, 공간디자인, 정보디

자인, 아이덴티티디자인, 디지털미디어디자인으로 나눈다. 그리고
이를 통해 고객과 커뮤니케이션 할 수 있는 각종 터치포인트를 디
자인하고 이를 통합적으로 활용하는 디자인 커뮤니케이션 전략이라
할 수 있다.

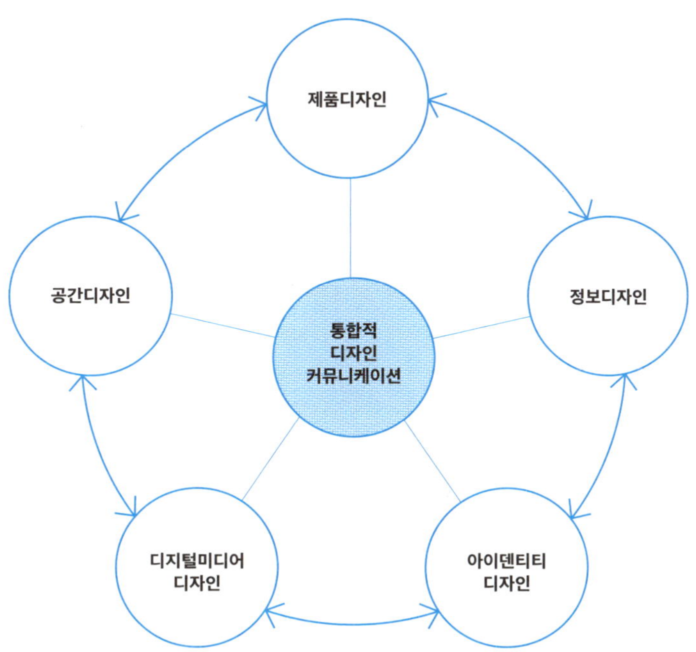

**통합적 디자인
커뮤니케이션의 장점**

일관된 메시지를 전하는 커뮤니케이션	효과적인 미디어의 활용	체계적인 관리로 효율성 제고
브랜드와 메시지를 연상시키는 효과적인 자극제	효율성 제고를 통한 비용 절감	상품과 기업의 경쟁력 강화
고객의 이해도와 선호도 향상	디자인의 지속적인 업데이트 가능	

통합적 디자인 커뮤니케이션의 필요성

기업은 제품디자인, 공간디자인, 정보디자인, 아이덴티티디자인, 디지털미디어디자인 등 다양한 디자인 채널을 통해 고객에게 정보를 전달한다. 고객은 결국 하나의 메시지를 다양한 매체를 통해 듣는 것이고, 기업은 하나의 메시지를 전달하기 위해 다양한 채널을 동원하는 것이다. 이를 커뮤니케이션 이론에 따라 해석해보면, 동일한 메시지를 전달하기 위해 각기 다른 신호를 고객에게 발신하는 것이다. 하지만 이런 경우 고객은 여러 신호를 동일한 메시지로 이해하기 어렵고, 기업이 전폭적인 투자를 했음에도 기업이나 상품의 이미지는 오히려 일관성을 잃고 혼란을 일으키게 된다.

적어도 한 사업을 영위하는 전략 사업 단위(Strategic Business Unit, SBU) 내에서 디자인 커뮤니케이션을 위해 어떤 정보를 디자인이라는 채널로 기호화할 때에는 동일한 아이덴티티를 담아내야 한다. 그런데 전략 사업의 홍보팀, 마케팅팀, 커뮤니케이션팀, 서비스팀 등 각 단위 부서에서 디자인이 필요할 경우 업무의 편리성을 앞세워 이를 한곳에서 통합적으로 조율하지 않고 따로따로 추진해온 탓에 그 효과를 제대로 발휘하지 못한 측면이 있다.

또한 기업에서 활용하는 디자인 분야가 기존의 틀에 지나치게 얽매여 단말기와 무인 자판기 등의 제품디자인은 제품디자인 전문 회사가, 광고는 광고기획사가, BI와 CI는 브랜드디자인 회사가, 공간은 인테리어디자인 회사가 각각 담당하는 식이 되다 보니 협력업체만 늘어나고 결국 기업이 고객에게 디자인 커뮤니케이션을 통해 전달하려는 메시지가 수많은 다른 이미지로 생산되어 그 효과를 제대로 보지 못하고 있다. 이러한 상황에서 연관성이 없는 일회성 디자인을 무분별하게 생산해 비용은 비용대로 지출되고 시너지 효과도 거두지 못하고 끝나버리기 때문에 디자인의 엄청난 위력을 실감하지 못하는 경우가 반복되는 것이다.

위에서 살펴본 것처럼 디자인 커뮤니케이션 과정에는 여러 다양한 분야의 디자인이 개입된다. 따라서 기업에는 디자인 커뮤니케이션을 위한 수많은 터치포인트 가운데 어떤 매체를 선택하고 이를 어떻게 개발해 활용할 것인가 하는 문제가 과제로 떠오른다. 이와 함께 기업 내부의 디자인팀이나 디자인매니저의 역할이 주목받는다. 기업 내부의 통합된 디자인 조직이 디자인 프로젝트를 요구하는 다양한 부서의 이해관계를 전체적인 시각에서 원활히 조율하고 통제함으로써 그 효과를 가시적인 수준으로 끌어올리는 것이다.

기업의 디자인 커뮤니케이션 활동은 반드시 일관된 메시지와 전략적 포지셔닝을 위해 통합되어야 한다. 그러기 위해서는 모든 통합적 디자인 커뮤니케이션 툴과 플랫폼은 면밀한 계획에 따라 주의 깊게 진행되어야 한다.

효과적인 디자인 커뮤니케이션
활동 프로세스

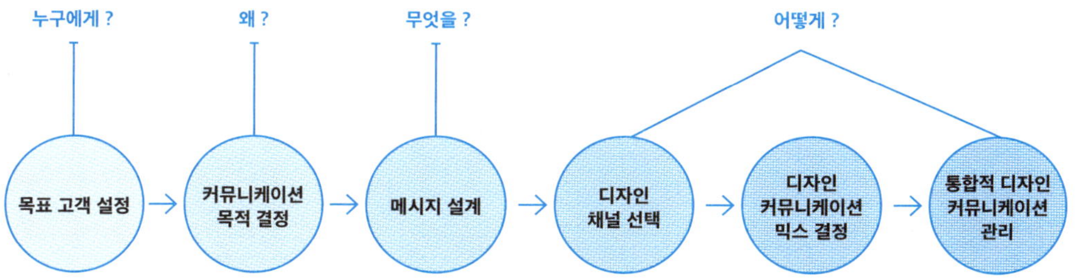

통합적 서비스디자인 커뮤니케이션 믹스

서비스는 무형의 상품이라는 특성 때문에 서비스를 소비하는 동안이나 소비한 뒤 그 서비스에 대해 가치 판단을 할 때 고객은 종종 유형의 단서나 물리적 증거에 의존하게 된다. 그러므로 서비스를 디자인으로 창조한다는 것은 무형의 서비스를 기업이 고객에게 전달하고자 하는 가치와 내용을 디자인으로 유형화해 전달한다는 데 그 의미가 있다. 또한 이러한 서비스디자인 활동은 제품디자인과는 달리 물리적 유형물의 개발에 따른 판매나 전달이 아닌 서비스라는 무형의 정보를 전달하기 위한 커뮤니케이션을 목적으로 하는 활동이 주를 이루게 된다.

　　　서비스 조직에서 주로 실행하는 디자인 커뮤니케이션은 크게 제품디자인, 공간디자인, 정보디자인, 아이덴티티디자인, 디지털미디어디자인으로 나눌 수 있다. 이는 전통적인 디자인의 영역에 따른 분류로, 최근에는 디자인 활동이 복합적으로 융합되어 이루어지는 경우가 많아 각 분야의 경계가 모호해지는 특성을 보인다. 이러한 특성을 반영해 서비스디자인을 평면, 입체, 시간의 개념으로 확장시켜서 정보와 아이덴티티디자인을 2D디자인, 제품 및 공간디자인을 3D디자인, 디지털미디어디자인을 4D디자인으로 분류할 수도 있다. 이러한 분류 방법으로 오른쪽 다이어그램과 같은 통합적 디자인 커뮤니케이션 믹스를 구성할 수 있다.

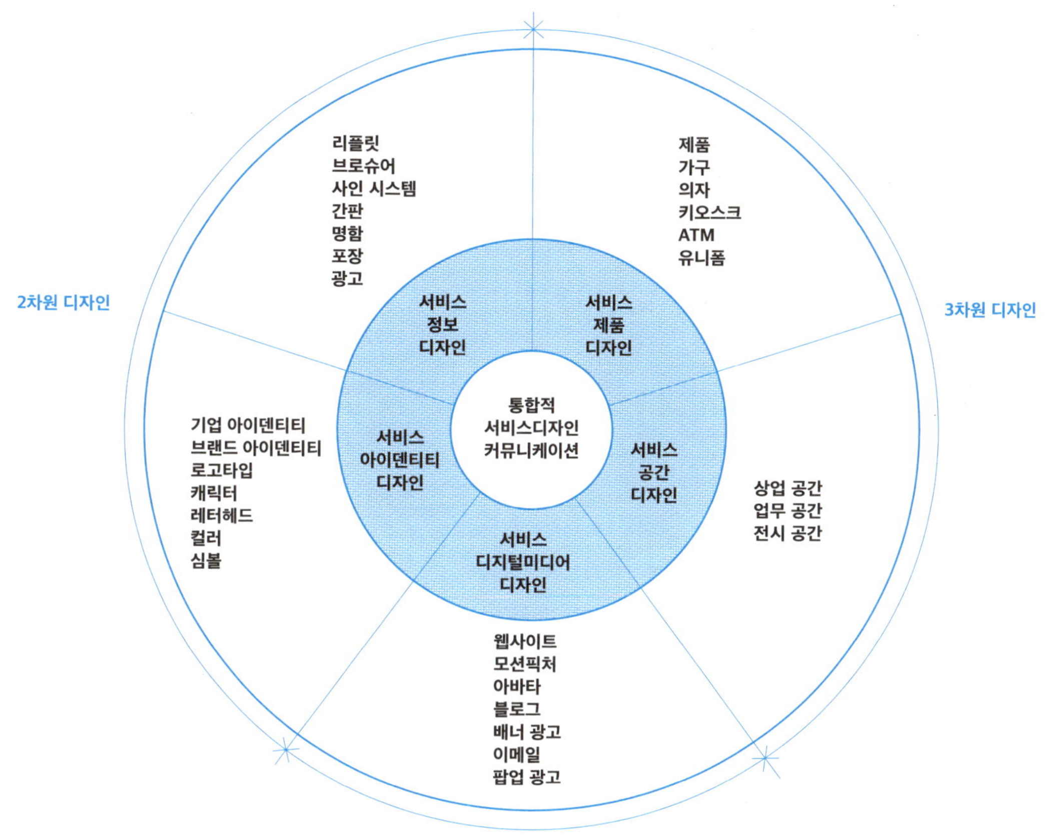

**통합적 서비스디자인
커뮤니케이션 믹스**
이원식, 2008

서비스제품디자인(service-product design)

제품디자인은 사람들에게 널리 알려진 디자인의 가장 오래된 형태이다. 아주 오래전 인간이 필요에 따라 단순한 도구를 고안해 사용하던 것에서 시작되어, 현재는 제품과 인간이 상호작용하는 여러 국면을 포괄하는 유용성(usability)과도 매우 밀접한 관계를 맺고 있다. 우리 주위에 있는 모든 것, 예를 들어 자동차와 가구, 가전제품 등이 모두 제품디자인에 속한다. 그 밖에도 우리 주위에서 일정한 부피를 가지고 공간을 차지한 사물 모두가 디자인된 것이라는 점을 고려하면 그 범위는 훨씬 넓어질 것이다.

제품디자인은 물리적 제품을 생산해 판매하는 회사라면 어디든 관련된 분야이다. 상업적으로 디자인은 제품에 가치를 부여해 부가가치를 창출하는 활동이라고 할 수 있다. 기본적인 유형성을 지닌 형태가 있는 물체에 디자인으로 가치를 부여함으로써 소비자에게 최대한의 효용을 제공하는 일이다. 이러한 활동은 근본적으로 소비자를 위한 것이고 결국에는 비즈니스를 위한 것이다. 디자인이 좋은 제품은 잘 팔려서 시장 점유율을 높이고 판매 수익을 올릴 것이며 더 좋은 제품을 생산할 수 있는 투자를 가능하게 할 것이다.

지금껏 혁신적이고 성공적인 제품으로 인정받은 물건들 뒤에는 하나같이 객관적으로 훌륭한 디자인이 있었다. 마케팅의 대가 대부분이 칭송한 애플의 아이폰과 닌텐도(Nintendo)의 위(Wii)가 그 가운데 하나이다. 아이폰과 위는 탁월하고 매력적인 디자인으로 너도나도 소유하기를 원했고 온갖 매체에서 기사로 다루어 막대한 홍보 비용을 따로 들일 필요가 없었다. 소비자는 제품이 출시되자마자 웃돈을 주거나 한시라도 빨리 사기 위해 줄을 서서 기다렸을 정도이니 말이다. 포트폴리오에 이런 캐시카우(cash cow) 상품이 하나라도 있는 기업은 행복할 것이다.

서비스제품디자인은 이런 제품디자인의 특성을 이용해 소비자에게 서비스의 가치와 의미를 전달하려는 노력이기도 하다. 서비스를 제공하는 데에도 일정한 부피와 크기로 물리적 공간을 차지하는 '제품'의 디자인이 한몫을 담당하는 것이다. 제품은 형태와 기능을 지닌 하드웨어로서 고객과 상호작용하며 체험을 통해 서비스의 유형성을 강화한다.

금융기관의 현금자동입출금기는 종업원 없이도 고객이 간단한 은행 업무를 직접 처리할 수 있도록 도와준다. 주변에서 흔히 볼 수 있지만 고객은 현금자동입출금기의 위치나 유용성 등에 따라 그 은행의 전체적인 서비스 질을 판단하기도 한다. 방대한 은행 업무 가운데 일부에 지나지 않은 하나의 터치포인트가 은행의 전체 서비스를 가늠하는 잣대가 되는 것이다.

공공서비스인 치안서비스도 마찬가지이다. 예를 들어 경찰과 관련된 서비스제품디자인은 착용한 제복과 모자, 수갑이나 배지, 운행 차량 등 생각보다 다양하다. 이런 제품은 경찰이 착용하거나 이용하기 편하고 실용적이라는 실질적인 역할을 넘어 공공디자인으로서 국민에게 서비스의 다양한 의미를 전달하는 기능을 한다. 멋스럽게 디자인된 제복과 모자는 치안서비스를 담당하는 경찰의 위협적인 느낌보다는 친근감과 존경심을 불러일으키고, 수갑이나 차량 또한 강압적인 위압감을 주기보다 국민을 안전하게 보호하고 지켜주는 경찰의 가치와 역할을 드러낸다. 이는 소방, 교육, 의료, 행정 등의 서비스에서도 마찬가지이다. 그들이 착용한 제복이나 사용하는 장비, 차량, 도구 등 광범위한 제품은 그들이 제공하는 서비스를 단적으로 드러내 보이는 역할을 한다.

따라서 서비스제품디자인은 기업의 서비스 목적과 가치를 일관성 있게 담아낸 제품을 통해 이를 전달하고 실현한다. 물론 어느 한 서비스 제품으로 단기간에 이런 효과를 거둘 수 있는 것은 아니다. 다양한 서비스제품디자인을 통해 서비스의 정체성을 만들어가는 기나긴 과정을 거쳐야 한다. 이를 통해 일정 시간이 경과하면 조직의 서비스 문화를 형성하고, 그 과정에서 소비자의 신뢰를 조금씩 쌓아가는 것이다.

**스키폴국제공항의
'여행을 위한 충전'**

네덜란드 암스테르담에 있는
스키폴국제공항(Schiphol
International Airport)에는
'여행을 위한 충전(fuel for
travel)'이라는 커다란 기계
장치가 사람들이 지나다니는
통로 한가운데 자리 잡고
있다. 공항이 비행기를 이용해
여행하는 사람들이 주로 찾는
곳이라는 점에 착안해 이동
시간의 지루함을 덜고 유쾌한
여행을 즐길 수 있도록 인터넷을
통해 음악이나 동영상을 USB 등
자신이 가지고 있는 저장 장치로
내려받을 수 있는 서비스를
제공한다.

**맨체스터국제공항의
무인 체크인 기계**

영국 맨체스터국제공항
(Manchester International
Airport)은 공항 이용객에게
편리한 서비스를 제공하기 위해
무인 체크인 기계를 도입했다.
여권이나 각종 신분증을 통해
빠르고 편리하게 비행기 티켓을
발권할 수 있도록 해서 기존의
대기 시간을 크게 줄이고
늘 길게 줄을 서서 기다려야
했던 공항 이용객의 불편함을
획기적으로 개선했다.

서비스공간디자인(service-space design)

서비스공간디자인은 크게 세 가지로 나눌 수 있다. 사무실, 공장, 사옥같이 회사 직원들이 주로 활동하는 업무 공간과 고객과의 직접적인 만남이 이루어지는 소매점, 콘셉트스토어(concept store), 플래그십스토어(flagship store) 등의 상업 공간, 그리고 서비스의 홍보와 판매를 목적으로 전시나 이벤트를 개최하는 전시 공간이 그것이다. 공간연출가 크리스티안 미쿤다(Christian Mikunda)는 국내에 번역 출간된 『제3의 공간(The Third Place)』에서 '연출된 공간'이라는 개념을 강조하며 "흡입력 있는 매력적인 일터는 내부 고객의 애사심을 북돋아 더욱 의욕적으로 일할 수 있도록 하고, 더 오래 머물고 싶은 창의적인 상업 공간과 전시 공간은 외부 고객의 소비를 촉진하는 결과를 낳는다."라고 주장했다. 이는 모두 기업의 내·외부 이해관계자를 위한 공간이므로 어떻게 하면 그들이 서비스를 잘 이해하고 받아들일 수 있을지 세심하게 고려한 설계가 필요하다.

서비스공간디자인은 경영학, 특히 서비스 마케팅 분야에서 인간이 창조한 서비스 공간의 의미로 '서비스스케이프'라고 하며 그에 관한 연구가 활발히 진행되고 있다. 서비스공간디자인의 중요성은 특히 음식점이나 호텔 같은 숙박 시설에서 두드러진다. 고객이 소비를 위해 어떤 장소를 방문할 때 상품 그 자체보다 물리적인 공간이 구매 결정에 더 큰 영향을 미치는 사례가 발견되기 때문이다. 예를 들어 패밀리레스토랑에 갈 때에도 무엇을 먹을 것인가의 문제보다 좋아하는 분위기나 음악, 인테리어, 향기 등이 장소 결정에 더 큰 영향을 미친다는 조사 결과가 발표되고 있다. 이런 사례는 비단 음식점이나 호텔뿐 아니라 병원, 우체국, 은행 같은 서비스 공간에도 파급되고 있다. 일례로 대형화 추세를 보이고 있는 대학병원이 큰 비용을 들여 시설을 현대화하고 색, 조명, 음향, 실내 공기, 온도 등을 고려해 환경을 디자인하는 것도 고객에게 신뢰와 긍정적인 인식을 심어주기 위한 전략이라고 할 수 있다.

서비스를 위한 공간디자인은 한 장소에서 영속적으로 서비스를 펼치는 병원, 음식점, 백화점 같은 상업 시설에만 해당하는 것이 아니다. 일시적으로 공간을 점유했다가 해체되는 전시, 이벤트, 박람회 같은 공간에서도 그 효력을 발휘한다. 보통 전시회나 박람회는 많은 기업이 자사의 상품과 서비스를 홍보하고 선전하기 위해 모여드는 장소적 특성을 지닌다. 이런 공간에서 자사의 부스를 디자인할 때에는 특히 얼마나 많은 관람객의 시선과 관심을 끌어모을 수 있느냐에 초점을 맞추어야 한다. 아무리 좋은 상품을 가져와서 전시를 한다고 해도 전시장에서 관람객이 관심을 보이지 않는다면 아무런 의미가 없다. 따라서 매력적인 전시 공간을 연출해서 관람객의 발걸음을 자사의 부스로 끌어들이고 효율적인 동선을 따라 이동하며 제품이나 서비스를 즐겁게 체험할 수 있도록 하는 등 전시 공간이 제품에 대한 인지도를 높이는 역할을 하도록 해야 한다.

기업 입장에서 공간디자인은 가장 훌륭한 3차원 광고 수단이라고 할 수 있다. 누군가가 기업의 공간으로 들어왔다면 그는 이미 그 기업의 제품이나 서비스를 받아들일 준비가 된 고객인 셈이다. 그 공간이 서비스공간디자인이라면, 디자이너는 고객이 자신이 의도한 공간 안에서 의도한 정보를 받아들일 준비가 되어 있으니 "어서 내게 말해줘." 하는 속삭임을 들을 수 있을 것이다. 이런 고객을 놓친다면 그 디자이너는 디자이너로서 자격이 없다고 보아야 한다. 공간 안에서는 무수히 많은 정보를 매개로 고객과 공간 사이에 수많은 인터랙션이 짧은 시간 안에 오갈 것이다. 디자이너는 오감을 자극하는 이러한 디자인을 통해 고객이 기업의 서비스를 쉽게 이해하고 감탄해 이를 구매하고 싶은 충동을 느낄 수 있는 공간으로 창조해야 한다.

서비스공간디자인은 먼저 공간에 대해 고객이 이해할 수 있도록 도와야 한다. 당신은 이곳에 왜, 무엇을 위해 왔는가, 그리고 가장 중요한 당신이 지금 서 있는 곳은 어디인가 하는 정보를 정확히 알려주어야 한다. 그다음은 과감하면서 경탄할 만한 공간 연출을 통해 더 오래 머무르고 싶고 반복해서 경험해보고 싶은 마음이 들도록 해야 한다. 다시 말해 내가 지금 서 있는 이 공간에서 벗어나고 싶지 않다는 욕망을 불러일으킬 수 있도록 디자인해야 한다는 뜻이다. 다음은 욕망의 장소를 위한 공간을 창조해야 한다. 그 곳에서는 고객이 하고 싶은 일을 마음껏 상상하고 경험하고 소비할 수 있도록 도와야 한다. 매력적인 공간디자인으로 더 오래 머무르고 싶은, 직접 경험해보고 싶은, 다시 방문하고 싶은 공간을 탄생시키는 것이다.

서비스 정보를 전달하는 수단으로 공간디자인만큼 기업에 유리한 분야는 드물다. 평면적인 주입식 정보는 고객의 기억에서 쉽사리 사라지지만 경험을 통해 얻은 메시지는 좀처럼 잊히지 않는다. 서비스공간디자인은 서비스를 전달하는 과정에서 고객이 직접 경험을 통해 정보를 체득할 수 있게 하는 오프라인 공간을 제공한다.

서비스공간디자인은 기업이 제공하고자 하는 서비스가 실제로 어떤 효용을 고객에게 가져다줄 수 있는지 직접 전달하기에 가장 적합한 채널이다. 물론 오프라인 장소로 매번 찾아가는 것이 고객에게는 번거로울 수 있지만, 찾아가는 일이 즐겁다면 고객들은 기꺼이 걸음을 재촉할 것이다.

사실 고객이 보험 상담을 하거나 이동통신에 가입하거나 진료를 받기 위해 서비스 공간을 방문하는 것은 그저 무미건조한 행위일 것이다. 그렇다고 기업이 본연의 이익 추구 활동을 위해 고객에게 아무런 효용도 전해주지 못하면서 광고와 홍보로 유쾌하지 않은 방문을 재촉할 수만은 없다. 설령 고객이 필요에 따라 자의로 서비스 공간을 방문해 일을 처리한다고 해도 아무런 감응도 없는 방문이나 무미건조한 일 처리는 고객에게 그 따분한 과정을 기업이 제공하는 서비스와 동일시하게 해서 부정적인 인상을 심어준다. 매력적인 공간 연출로 고객에게 잊지 못할 경험을 선사해보라. 고객들은 아프지 않아도 병원을 방문하고 싶어서 줄을 서게 될지도 모른다.

KT 올레스퀘어(Olleh Square) 2010년 KT가 새롭게 단장한 올레스퀘어(Olleh Square)는 카페, 산책, 쇼핑, 공연과 함께 다양한 감성 체험과 놀이 문화가 있는 서비스공간디자인이다. 이 공간은 생활 속에 친숙한 IT 기기를 손쉽게 다루어보고 체험해봄으로써 통신서비스를 제공하는 KT의 이미지 제고에 큰 역할을 하고 있다.

서비스정보디자인(service-information design)

각 기업의 서비스디자이너는 고객에게 유용한 서비스 정보를 전달하기 위해 각종 아이디어를 짜내느라 진통을 겪는다. 그렇게 오랜 산고 끝에 얻어낸 정보가 최종적으로 잘못 디자인되어 전달된다면, 그동안 많은 사람이 참여해 노력한 결과가 한순간에 물거품으로 변하고 말 것이다.

정보디자인은 복잡한 정보를 고객이 이해하기 쉽고 이용하기 쉽게 디자인하는 것이다. 언어학, 심리학, 인간공학 같은 분야의 이론을 디자인 세계로 끌어들여 적용한 분야로 요즘처럼 다양한 정보가 급속히 생성되고 유통되는 환경에서 정확하고 신속하게 고객이 정보를 받아들일 수 있도록 도와주는 디자인이라고 할 수 있다. 다시 말해 다른 디지털 미디어나 제품의 작동 및 조립, 혹은 복잡한 동선 등 짧은 시간 내에 인지하기 어려운 커뮤니케이션이 필요할 때 디자인 요소를 통해 단순화해서 쉽게 이해할 수 있도록 도와준다.

사회가 복잡다단해지고 정보의 양이 하루가 멀다 하고 늘어나는 오늘날, 우리에게 많은 정보를 짧은 시간 내에 알기 쉽게 전달해주는 정보디자인의 역할이 중요하다. 다루는 정보의 양이 많고 정보 전달이 중요한 분야, 특히 디자인과는 별개로 여겨졌던 정부기관이나 조직에서 그 수요가 점차 늘어나고 있다. 물론 잘못 디자인된 서비스디자인은 불필요한 비용을 지출하게 하고, 내·외부 구성원의 시간을 빼앗아 전체적인 효율을 떨어뜨리기도 한다. 또한 제품의 조절 장치나 디지털 미디어를 사용할 때 잘못된 디자인으로 좌절감을 느끼게 하고, 심지어 잠재적인 위험 상황으로 이끌 수도 있다. 만일 그것이 교육 자료일 경우에는 학습자의 이해력을 떨어뜨리고, 과학 기술에 관한 자료일 경우에는 잘못된 이해와 해석을 일으킬 수 있다. 한편 웹사이트일 경우에는 원활한 정보 검색을 방해해 불쾌감을 느낄 수도 있다. 이러한 불편보다 더 중요한 것은, 결국 이런 결과는 서비스 제공자에 대한 부정적인 이미지로 이어진다는 사실이다. 좋은 정보디자인의 예를 몇 가지 들어보면 다음과 같다.

명쾌한 상품 설명서는 고객의 잘못된 인지 가능성을 줄여 고객센터나 또 다른 서비스 지원으로 생기는 비용을 감소시킨다.

서비스 상품에 대한 정확한 소개는 고객이 제대로 상품을 판단해 소비할 수 있도록 돕는다.

간결하고 알아보기 쉬운 각종 요금 청구서는 불필요한 상담으로 생기는 비용 발생을 줄일 수 있다.

이해하기 쉬운 연차보고서는 주주나 그 외의 이해관계자가 긍정적인 결정을 하도록 돕는다.

적절한 장소에 놓인 정확한 표지판은 사람들의 시간과 노고를 줄여준다.

잘된 정보디자인은 인간을 그 중심에 두고 사용자의 입장에서 디자인한 것이다. 따라서 효과적인 정보디자인은 서비스가 진행되는 동안 고객과 기업의 의사소통을 원활하게 해서 효율성을 높이고, 서비스에 대한 고객의 이해를 증진해 서비스 공급자와 소비자가 긍정적인 관계를 형성하는 데 긍정적인 역할을 한다.

　　서비스정보디자인은 단지 최종적인 형태만을 만드는 것이 아니다. 프로세스를 구성한다고 해야 할 만큼 그 과정이 체계적이다. 다시 말해 무엇을 커뮤니케이션할 것인지, 그 커뮤니케이션 정보를 어떻게 디자인할 것인지 파악하고 그 사이의 인터페이스가 놀라우리만큼 논리 정연해야 그에 걸맞은 최종적인 결과물이 나온다. 여기에서 가장 중요한 점은 모든 디자인 요소가 일관적으로 보여야 한다는 것이다. 또한 전달하고 싶은 정보가 디자인에 잘 반영되었는지, 그 디자인이 이해하기 쉽고 이해할 만한지 꼼꼼하게 검토해야 한다.

현대카드 브랜드 포트폴리오(product-service tree)

현대카드는 전체 상품의 체계적인 포트폴리오를 구축하고 이를 서비스정보디자인을 통해 고객들에게 자사의 상품을 효과적으로 전달함으로써 고객들이 복잡한 카드 상품을 쉽게 이해할 수 있도록 한다. 현대카드 브랜드 포트폴리오의 핵심은 알파벳과 숫자, 그리고 색이다. 이 세 가지 요소의 근원적인 성격과 의미는 상품의 특징을 고객들이 직관적으로 이해할 수 있게 한다. 현대카드의 모든 상품은 이 세 가지 요소로 만들어진 브랜드 포트폴리오에 속해 있으며, 종이 한 장에 다이어그램으로 쉽게 그릴 수 있을 만큼 직관적이다. 그러면서도 각각의 카드 상품들은 각기 다른 다양한 고객들의 라이프스타일을 빈틈없이 반영하고 있다.

서비스아이덴티티디자인(service-identity design)

서비스 아이덴티티는 기업이 전하고자 하는 서비스의 모습이고, 서비스아이덴티티디자인은 이를 최종적으로 고객이 인식할 수 있도록 한 시각적인 표현물이다. 다시 말해 서비스 아이덴티티에는 서비스의 본질적인 가치 체계와 목표 및 의미가 담겨 있고, 서비스아이덴티티디자인은 이를 심벌, 캐릭터, 로고타입 등을 통해 시각적인 이미지로 드러낸다. 가치 체계와 목표 및 의미, 그리고 시각적인 이미지를 각각 의미 요소와 표현 요소라 한다. 다시 말해 서비스 아이덴티티를 확고히 하기 위해서는 서비스의 가치와 목표를 담고 있는 의미 요소, 비시각적 요소와 서비스의 심벌, 캐릭터, 로고타입을 포함하는 표현 요소 간의 연계성을 극대화해야 한다.

　　서비스아이덴티티디자인은 기업의 아이덴티티와 문화와도 연결된다. 그래서 심벌, 로고타입, 브랜드로 표현되는 아이덴티티디자인은 고객에게 객관적인 신뢰를 심어주는 서비스 기업의 상징이 된다. 그런 만큼 아이덴티티디자인은 서비스 기업의 특징, 이데올로기, 가치 등을 내포하며, 이를 올바른 이미지로 형성하기 위해서는 많은 비용과 노력이 뒤따른다. 서비스아이덴티티디자인의 중요성이 주목받는 이유는 소비자가 서비스 상품을 구매하기 전 시각적 커뮤니케이션으로 이미 각인된 브랜드에 대한 인상과 편견이 상품의 구매 여부에 영향을 미치기 때문이다. '저 서비스를 이용하면서 내가 자부심을 느낄 수 있을까?' '남들이 저 브랜드를 사용하는 나를 좋게 평가해줄까?' 같은 감정이 개입하는 것이다.

　　무형의 서비스 가치를 시각적인 아이덴티티디자인으로 창조해 전면에 내세우는 것은 무엇보다도 고객 스스로 차별화된 서비스를 받고 있다고 인식하게 해 서비스에 대한 가시성을 높이고 충성도를 향상시키는 데 그 목적이 있다.

삼성화재 '내일처럼'
고객의 일을 '내 일처럼'
생각하고 소중한 가족처럼
최고의 서비스를 제공하겠다는
의지를 담은 서비스 브랜드

포스코건설 '온마음서비스'
고객을 '따뜻한(溫)' 마음으로,
'온마음(全心)'을 다해 대하고자
하는 서비스 브랜드

서비스디지털미디어디자인(service-digital media design)

오늘날 각종 정보와 서비스가 넘쳐나면서 인터넷과 디지털TV, 스마트폰과 PDA(Personal Digital Assistant) 같은 디지털 미디어를 통해 서비스를 제공받는 빈도가 높아지고 있다.

디지털 미디어는 기존의 전통적인 미디어와 달리 하루가 멀다고 새로운 커뮤니케이션의 가능성을 제시해왔다. 전통적인 미디어는 시간과 공간의 제약이 따르고 비용이 많이 드는 반면에 디지털 미디어는 시공의 제약을 받지 않는 전달 매체이면서 개발 및 유지비용이 저렴하다는 장점이 있다. 또 전통적인 미디어가 한정된 공간과 비용 등의 문제로 정보나 감성적인 측면 어느 한 쪽에 치우쳐서 광고를 할 수밖에 없는 데 비해, 디지털 미디어는 표현의 다양성과 공간의 무제한성을 토대로 광범위한 정보를 감성적으로 동시에 전달할 수 있다. 그뿐 아니라 디지털 미디어를 통한 커뮤니케이션은 상호작용적(interactive)이다. 인쇄 매체나 TV 광고에서 고객은 일방적으로 정보를 받아들이는 데 그쳤지만, 디지털 미디어에서는 서로 의견을 교환하거나 제시하고 반영하는 것이 가능하다. 이러한 상호작용 커뮤니케이션이 가능한 것은 인쇄 광고가 시각적 자극에 호소할 수밖에 없는 반면 디지털 미디어는 청각, 시각, 촉각 등 다른 감각으로 그 전달 매체를 확장할 수 있기 때문이다.

또한 디지털 미디어는 전통적인 미디어와 비교해 기업에서 관리하기도 쉽다. 전통적인 미디어에서는 기사가 외부로 유출되거나 광고가 원치 않는 지면에 배치되었을 때 이를 통제하거나 변경하는 것이 어려웠지만 웹, 배너 및 팝업 광고 등은 웹마스터(webmaster)의 통제로 얼마든지 자유롭게 수정할 수 있다.

특히 웹을 이용한 서비스디자인은 날로 늘어가고 있으며, 웹을 통한 서비스 투어로 고객은 실제로 장소나 물건을 접하지 않고

도 미리 서비스를 경험할 수 있다. 서비스디지털미디어디자인은 가상공간에서 거의 동일한 서비스를 미리 경험할 수 있게 하기 때문에 서비스의 한계, 다시 말해 무형성, 소멸성, 이질성, 비분리성 등을 모두 극복할 수 있다.

고객이 서비스디지털미디어디자인을 통해 여행 상품을 예약하는 경우를 살펴보자. 고객은 여행 상품을 예약하기 전이나 어디로 갈지 결정하기 전에 모든 것을 미리 경험해볼 수 있다. 먼저 가고 싶은 나라나 여행지를 선택해 클릭하면 그곳에 대한 자세한 정보와 사진을 검토할 수 있다. 심지어 묵을 호텔이 마음에 드는지, 어떤 시설을 갖추고 있고 이용 요금은 얼마인지 등 상담원에게 일일이 물어볼 필요 없이 방과 욕실까지 살펴볼 수 있다. 또한 여행지에서 무엇을 할 수 있고 어떤 이벤트가 기다리고 있는지 모든 것을 미리 경험해볼 수 있어 모처럼 얻은 여행 기회를 망쳐버리는 일은 없을 것이다.

그런데 이것이 반드시 고객만을 위한 디자인이라고 할 수 있을까? 이런 시스템이 없었을 때 벌어졌던 일을 생각해보자. 여행 상품 하나를 팔기 위해 상담원이 고객을 일대일로 상대하며 비행기 좌석 확인부터 호텔, 여행지 등에 대한 정보를 고객이 이해할 때까지 하나하나 제공해야 했다. 상담원도 사람이므로 가끔은 고객의 질문이나 요구에 불친절하게 대응해 고객을 잃은 적도 있을 것이다. 고객 역시 더 알고 싶은 것이 있어도 상담원의 능력이나 시간에 한계가 있다는 것을 알고 일정 수준의 정보만으로 만족해야 했다. 설령 여행서비스에 대한 정보 교환이 원활히 이루어져 판매와 구매가 성사되었다고 해도 인식의 차이로 고객이 여행을 다녀와서 애초에 했던 이야기와 다르다거나 기대에 미치지 못했다는 불만을 여행사에 토로하는 일이 비일비재했다.

지금은 여행사뿐 아니라 스포츠, 레저, 보험 등으로 서비스디지털미디어디자인의 범위가 확장되어 고객은 구매하기 전에 미리

원하는 서비스를 경험해볼 수 있고, 따라서 서비스 제공자는 고객을
직접 상대하는 수고나 비용을 줄일 수 있게 되었다.

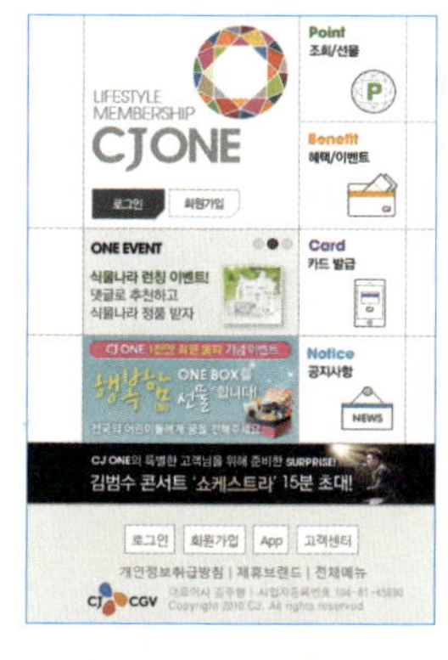

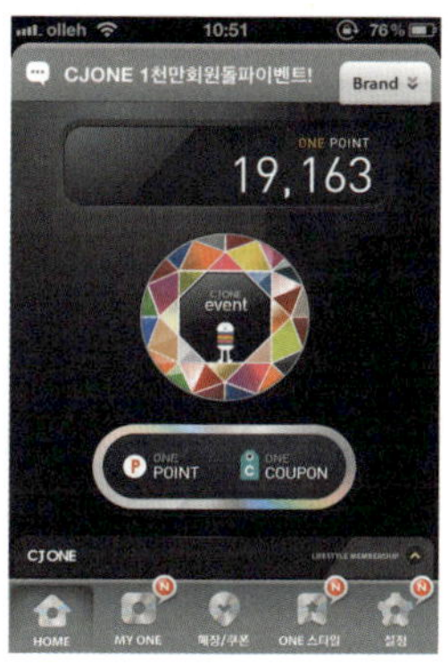

모바일 웹 버전 ⌃
모바일 애플리케이션 버전 ⌃
인터넷·태블릿 PC 버전 ⌝

라이프스타일 멤버십 'CJ ONE'

'CJ ONE'은 문화, 외식, 쇼핑, 엔터페인먼트 등 CJ의 다양한 라이프스타일 브랜드가 하나의
멤버십서비스로 통합되어 카드 한 장으로 포인트를 적립하거나 사용하고, CJ에서 제공하는 다양한
혜택을 함께 즐길 수 있는 CJ의 새로운 통합 멤버십 서비스이다. 이 서비스는 론칭 시점부터
서비스디지털미디어디자인을 통해 다양한 디지털 미디어에 적용하고자 설계되었다. 모바일 쿠폰,
포인트 적립 및 사용, 포인트 선물, CJ 상품권 포인트 전환 등의 'CJ ONE' 서비스를 웹사이트, 모바일,
아이패드(iPad) 등 모든 디지털 미디어에서 동일하게 이용할 수 있다.

SD Thinking 4
대학에서의 서비스디자인 교육 프로그램

김진우

카네기멜런대학교(Carnegie Mellon University)에서 HCI 전공으로 박사 학위를 취득했다. UC어바인대학교(University of California, Irvine, UCI)에서 객원교수로, MIT슬로언스쿨(MIT Sloan School)에서 방문연구학자(visiting scholar)로 근무했다. 1994년부터 연세대학교 경영대학 교수로 재직 중이다. 2012년 현재 연세대학교 HCI Lab과 창조경영센터를 지도하고 있으며 기술경영 협동과정 주임교수와 학술정보원장을 맡고 있다.

정은기

연세대학교 경영학과를 졸업하고, 삼성전자에서 앱스토어 (Appstore) 및 클라우드(cloud)와 같은 전략 서비스의 미래 콘셉트 개발 및 상세 기획과 론칭 작업을 MIT미디어랩(MIT Media Lab), 컨티뉴, 맥킨지, 유네스코(UNESCO, United Nations Educational, Scientific and Cultural Organization) 등과 함께 수행했다. 현재 카네기멜런대학교에서 서비스디자인을 전공하고 있다.

2012년 연세대학교 경영대학에서는 학부생을 대상으로 한 서비스디자인 과목을 개설했다. 이 글에서는 이 과목에 대해 개괄적으로 소개하고자 한다.

교육 목표와 개요

산업화 사회를 거친 인류는 정보화 사회를 지나 이제 후기 정보화 사회에 접어들고 있다. 후기 정보화 사회를 특징짓는 가장 큰 두 가지 요소는 '서비스'와 '디자인'이다. 과거 형태가 있었던 재화 등의 많은 가치는 디지털 기술과 만나 급속하게 무형화 되었고, 인간의 사고방식과 행동 패턴 역시 이에 따라 변화했다. 이 과정에서 다양한 서비스가 우리 삶에 깊숙이 침투했다. 또한 많은 일이 컴퓨터와 저렴한 노동력으로 대체되면서 이들로 대체될 수 없는, 사람의 감성을 전문적으로 다루는 영역인 디자인의 가치가 높아지고 있다.

이 과목에서는 서비스 중심 사고(service-centered thinking)와 기획의 실제를 다룬다. 산업적으로 가장 발달한 디지털 서비스 분야뿐 아니라 공공서비스, 나아가 브랜딩 서비스에 이르기까지 서비스디자인 실무에 대한 폭넓은 이해와 경험을 하는 것을 목표로 한다. 실무에 직접 활용할 수 있는 서비스디자인의 마인드셋(mindset)과 프로세스 및 다양한 방법론을 다루며, 이를 이용한 프로젝트를 한 학기에 걸쳐 수행한다.

·

과목의 초점은 학생들이 새로운 서비스 콘셉트를 직접 만들어 내는 과정을 즐기고, 이를 실제로 세상에 내놓기 위한 다분야의 팀(디자인, 엔지니어링, 마케팅 및 영업)을 이끌 수 있는 창의적인 리더십을 배양하는 것이다. 이를 위해 경영학에서 강조하는 비판적 사고(critical thinking)와, 이를 보완하는 디자인 사고(design thinking)를 상황에 맞게 모두 활용할 수 있고, 현장에서 다양한 유형의 사람들과 효과적으로 협업할 수 있도록 적절한 사례와 훈련의 기회를 제공한다.

·

이 과목을 통해서 한국에서도 페이스북(Facebook)이나 애플과 같이 사람들에게 새로운 삶의 방식을 제시하고, IDEO처럼 인류에 영감을 주는 새로운 서비스를 창조해낼 수 있는 창의적인 리더를 배출하는 것이 이 과목의 궁극적인 목표이다.

수강 대상

이 과목은 새로운 서비스를 만들어내는 과정에 관심 있는 모든 전공, 모든 학생을 대상으로 한다. 더욱 상세하게 설명하면 새로운 서비스가 줄 수 있는 무형의 가치가 사람들의 생각과 행동 양식, 기업의 비즈니스와 사회에 어떤 긍정적인 변화를 일으킬 수 있는지를 깨닫고, 앞으로 그러한 변화를 직접 만들어내보고자 하는 학생을 대상으로 한다.

·

새로운 서비스를 만들어내는 과정에는 특히 다양한 전공과 관심사를 가진 사람들이 함께 협업하는 것이 필수적이다. 그런 의미에서 이 과목은 경영학과 전공 선택 과목이기는 하지만, 경영학과뿐 아니라 학교 내에 있는 모든 학과나 대학에 있는 학부 학생들을 대상으로 한다.

•

이 과목은 크게 두 부류의 학생을 대상으로 한다. 첫 번째는 졸업한 뒤 대학원에 진학해 서비스디자인에 대해 심도 깊은 연구를 진행하고 싶은 사람이다. 두 번째는 다음과 같은 영역에서 창의적인 서비스 및 상품 기획자 및 전략가가 되는 것을 꿈꾸는 사람이다.

- 애플, 삼성전자, LG전자 등의 제조사
- 페이스북, 구글(Google), 마이크로소프트(Microsoft), NHN, 다음(Daum) 등의 인터넷 및 소프트웨어 플랫폼 기업
- SK텔레콤, SK플래닛, KT 등의 이동통신서비스 기업
- 맥킨지(McKinsey), BCG, 베인(Bain) 등의 전략 컨설팅 회사의 서비스 전략 분야
- IDEO, 컨티늄 등의 이노베이션 및 디자인 컨설팅 회사
- 유니세프(UNICEF, The United Nations Children's Fund), 영국 정부와 같이 서비스디자인을 통해 공공 문제를 해결하고 있는 공공기관
- 새로운 서비스 스타트업(start-up) 창업 기업

강좌 운영 방식

학기 초반부터 3주차까지는 주로 서비스 및 디자인과 비즈니스의 역할에 대한 올바른 이해를 돕기 위한 강의로 이루어진다. 학생들은 조를 짜서 실제 사례를 분석하고, 수업 시간에는 사전에 제시된 과제를 중심으로 자유롭게 토론한다.

•

4주차부터는 서비스 콘셉트를 개발하고 이를 하나의 서비스로 설계해보는 실습을 한다. 이 경우에는 수업 시간마다 전 시간에 제시된 서비스 기획 과정을 해당 서비스에 적용하는 방안에 관해 토론을 진행하고, 수업 시간에 직접 해당 단계를 밟으면서 교수 및 조교에게 지도를 받는다.

이번 학기 서비스디자인 프로젝트의 주제는 '캠퍼스 내 새로운 도서관 서비스 또는 정보서비스디자인을 통해 더 좋은 캠퍼스 생활 만들기'이다. 훌륭한 서비스를 만들기 위해서는 무엇보다 그 대상이 되는 서비스를 실생활에서 많이 체험해보아야 한다. 전형적인 서비스디자인 프로세스를 직접 밟아보기 위해서는 프로젝트를 진행하는 학생들이 항상 그 대상에 접근 가능해야 하기 때문이다. 이 범위 안에서 각 팀이 세부 주제를 선정해나가는 과정 역시 서비스디자인 프로세스의 중요한 단계 가운데 하나이다.

한 학기 프로젝트의 결과물은 참여 학생들이 추후에도 지속해서 각자의 경력 사항으로 활용할 수 있도록 지도할 예정이다. 더불어 학기 종료 후 세계 3대 디자인 공모전인 IDEA(International Design Excellence Awards), 레드닷디자인어워드(Reddot Design Award), iF(International Forum)에 새로 도입된 서비스디자인(학생 부문, 디자인 콘셉트) 분야에 제출하기 위한 안내 역시 제공될 예정이다.

성적 평가

이 과목의 최종 프로젝트는 새로운 서비스 콘셉트 및 이를 실현하기 위한 서비스 기획안과 사용자 시나리오를 만드는 것이다. 학기말에 서비스 전략 및 기획, 운영과 관련된 현업 임직원을 초청해 최종 프로젝트를 발표한다.

기업 목표에 부합하는 전략적 디자인은 몇 명의 디자이너가
만드는 것이 아니다. 디자인을 이해하는 CEO의 관심과
지원이 반드시 동반되어야 한다.

정태영 Ted Chung
현대카드 사장

5

서비스디자인
조직과 관리

서비스디자인 조직과 인력

서비스디자인 조직

서비스디자인을 위한 디자인 경영을 시작하기 위해서는 이를 실행하기 위한 조직과 인력을 구축해야 한다. 일반적으로 디자인 조직은 크게 기업 내부에서 디자인 조직을 구축해 추진하는 인하우스(in-house) 형태와 외부 디자인 전문 회사나 독립 디자이너를 이용하는 아웃소싱(out-sourcing) 형태로 크게 나누어볼 수 있다. 물론 더욱 구체적으로는 두 가지를 적절히 병행하는 방법으로 어느 쪽이 주도적인 역할을 하느냐에 따라 다시 두 가지 유형으로 나뉜다.

부분적 \ 주도적	인	아웃
인	인-인(a) 완전한 인하우스 유형	인-아웃(b) 보완적 인하우스 유형
아웃	아웃-인(c) 관계적 아웃소싱 유형	아웃-아웃(d) 완전한 아웃소싱 유형

일반적으로 기업은 자사의 비즈니스 성격과 규모, 또는 외부 환경에 따라 네 가지 방법 가운데 하나를 선택하게 된다. 여기에는 정답이 없으며 여러 가지 요인에 따라 얼마든지 다른 선택을 할 수 있다. 기업의 규모가 작다면 내부에 디자인 조직을 두는 것이 효율적이지 않으며 내부에 디자인 조직을 갖춘 경우라도 일의 규모나 성격에 따라 아웃소싱이 필요할 수 있다. 실제로도 완전한 인하우스나 아웃소싱 체계로 디자인 활동을 꾸려가는 기업보다는, 기업의 성격과 규모에 따라 디자인을 통한 최상의 효과를 창출하기 위해 유동적으로 인하우스와 아웃소싱 체계를 활용하는 경우가 많다.

　　자체적인 디자인 조직을 활용하는 인하우스 유형을 선택하면 기업 내부에 디자인 조직과 시스템, 장비 등을 갖추어야 하고 인력 유지 및 개발에 지속해서 신경을 써야 하기 때문에 자연히 기업의 부담은 커지게 마련이다. 하지만 언제든지 원활한 커뮤니케이션을 할 수 있고, 상황에 맞는 순발력 있는 대처가 가능하다는 장점이 있다. 더욱이 보안을 유지해야 하는 첨단 제품이나 오랜 시간에 걸쳐 자사의 디자인 철학을 구축해나가야 하는 경우 유리하게 작용할 수 있다. 또 프로젝트의 디자인 방향을 이해하는 책임감 있는 내부 디자이너의 존재는 사내 다른 부서와의 협조를 원활하게 한다. 이는 관리 및 진행의 효율성, 더 나아가 신속한 의사 결정에도 영향을 미쳐 빠른 시간 내에 기업이 의도한 방향으로 일관성 있는 아웃풋을 만들어낼 수 있다. 하지만 같은 이유로 조직의 위계와 명령 체계에 사로잡혀 디자이너의 창의력을 구속하거나 디자인 전문가가 아닌 의사 결정권자에 의해 무난한 디자인이 선택될 우려 또한 상존한다.

반면 아웃소싱 유형은 말 그대로 기업 내부의 자체적인 디자인 활동은 거의 없고 외부 디자인 회사나 프리랜스 디자이너에게 디자인을 맡기는 경우이다. 회사의 조직 상황에 따라 외부의 창조적인 전문 인력을 얼마든지 활용할 수 있으며 내부에 디자인 인력과 장비를 갖추지 않아도 되므로 유지 관리 비용이 적게 든다는 장점이 있다. 또 많은 가능성이 열려 있고 그 가운데 최선의 것을 선택할 수 있다는 점도 매력적이다. 하지만 아웃소싱 업체를 효율적으로 관리하지 못하면 원하는 디자인 개발을 기한 내에 맞추기가 어렵기 때문에 디자인을 기업의 경쟁 자원으로 적극 활용하기 어려울 수 있다. 상품과 광고에 대한 보안 유지는 물론이고 항상 일정한 디자인 품질을 기대하기 어렵다는 단점도 존재한다.

	인하우스	아웃소싱
장점	기업 목표에 대한 완벽한 이해 다른 부서와의 효율적인 협조 접근 및 보안 유지 용이 비용 절감 원활한 통제 가능	특정 분야에 대한 전문성 창의성과 참신성 객관적인 의견 개진 인력과 장비의 전문성 다양한 선택 가능
단점	혁신성이 떨어짐 진부한 아이디어 유지 및 관리비 부담 외부 정보 수집력이 약함 개발의 객관성 입증이 어려움	내부고객에 대한 이해가 어려움 다른 부서와의 협조가 어려움 보안 유지의 어려움 디자인 품질의 일관성 보장이 어려움 통제하기 어려움

유형에 따른
디자인 조직 활용의 장·단점

예를 들어 CI(Corporate Identity)나 BI(Brand Identity) 개발은 해당 기업의 비전은 물론 사내 문화까지 완벽하게 이해해야 가능한 일이지만 일회적이고 전문적인 지식이 필요한 프로젝트의 성격상 아웃소싱을 통해 개발하는 것이 효율적이다. 또한 최근에는 인하우스 디자인 조직의 존재 여부를 떠나 아웃소싱 자체를 마케팅 전략으로 활용하는 사례가 늘고 있다. 유명 패션디자이너 앙드레 김(André Kim)에게 아파트 인테리어를 맡긴 삼성물산이나 세계적인 산업디자이너 카림 라시드(Karim Rashid)에게 카드 디자인을 의뢰한 현대카드의 경우도 같은 맥락으로 이해할 수 있다. 스타 디자이너의 브랜드 가치를 자사 제품의 경쟁 요소로 활용하는 것이다. 사실 이런 디자이너 브랜드 전략은 콜래보레이션(collaboration, 협업)이라는 형태로 패션업계에서는 상당히 일반적인 현상이며 독일이나 이탈리아의 가전 제품 회사도 오래전부터 사용해온 전략이다. 최근에는 매체 홍보 기술이나 마케팅 전략의 발전과 맞물려 체계적으로 이루어지고 있다.

예전에는 전문적인 디자인 활용에 대한 낮은 인식으로 아웃소싱에 의존하는 회사가 많았지만 최근에는 적극적으로 디자인 조직을 구성하면서 관계적 아웃소싱 유형으로 나아가는 사례가 늘고 있다. 이렇게 디자인을 담당하는 내부 인력이나 조직을 통해 디자인 프로젝트를 관리하면 좀 더 유연하게 아웃소싱을 통제할 수 있다는 장점이 있다. 또한 기업들이 다루는 디자인의 범위가 제품, 공간, 시각, 멀티미디어 등으로 다양하기 때문에 이 모든 디자인 분야를 개발하고 관리할 내부 디자인 조직을 갖추는 것은 쉬운 일이 아니다. 따라서 앞으로도 아웃소싱 디자인 프로젝트를 체계적으로 관리할 수 있는 디자인 조직의 중요성은 점점 커질 것이다.

서비스디자인 인력

기업에서 디자인을 전략적으로 활용하기로 마음먹었다면 가장 먼저 할 일은 디자인 업무를 담당할 인력을 채용하는 것이다. 무작정 디자이너를 고용하라는 말이 아니다. 디자이너를 활용하거나 디자이너와 함께 일하는 방법을 모른 채 무턱대고 디자이너를 채용한다면 서로에게 불행한 결과를 가져올지 모른다. 이제 좀 더 구체적으로 디자이너가 어떤 사람인지 알아보기로 하자.

디자이너(designer)
디자이너(designer)는 창조자(creator)이다. 창조자로서 가장 기본적인 활동은 그들의 손과 머리를 이용해 목적성이 있고 심미적인 것을 창조해내는 것이다. 이는 일반 대중이 흔히 생각하는 디자인의 범위 내에서 본 디자이너의 역할이지만 가장 기본적이면서 본질적인 디자이너의 역할이라고 할 수 있다. 디자이너가 하는 일은 본질적으로 창의력(creativity)을 바탕으로 한다. 디자인과 창의력은 어떤 측면에서 '경영'과는 동떨어진 것처럼 보이기도 한다. 경영은 '관리'를 전제로 하고, 관리는 '예측이 가능하다'는 속성을 지니고 있다. 만일 그렇지 않으면 관리의 영역을 벗어난, 예외적이고 있어서는 안 될 불량, 낭비, 제거 대상 등으로 여겨졌다. 따라서 지금까지 경영 프로세스와 의사 결정은 정량적으로 측정할 수 있고 모든 것을 파악할 수 있는 상황에서 이루어졌다. 하지만 디자인은 개인적인 직관과 능력, 기술에 대한 의존도가 높아 기존의 경영 패러다임에 반대되는 측면이 많았고, 이를 설명하고 입증하기 어려워 오랫동안 간과해왔다. 따라서 디자인의 성공 사례는 그저 사례로만 남을 뿐, 이를 지속적으로 유지할 수 있는 정보를 축적하거나 관리하지 못한 것이 사실이다. 하지만 오늘날의 정보화 시대, 소비자를 중심으로 빠르게 시장이 형성되는 현실에서 창의력과 직관이 뛰어난 디자이너의 판단에 따른 프로젝트 추진은 많은 성공 사례를 낳고 있다. 디자이너는 소비자의 요구가 다양해져 차별화된 서비스를 원하는 현대 사회에 가장 적합한 사고 체계와 본성을 지닌 유일한 집단이라고 할 수 있다. 그러므로 일정한 자격과 경력을 갖춘 디자이너의 육성은 기업에 수치로 측정할 수 없는 무한한 가능성을 가져다줄 것이다.

창조적 기술

창조성은 디자이너만이 지닌 독특한 능력은 결코 아니다. 프로젝트와 사업은 모두 창의를 바탕으로 시작해 개발되고 전개된다. 하지만 어느 분야에서나 창의는 본능적인 면과 지식적인 면을 요구한다. 지식은 후천적으로 경험과 학습을 통해 얻을 수 있지만, 본능은 단기간의 노력으로 얻을 수 있는 것이 아니다. 디자이너는 후천적으로 얻기 어려운 능력을 타고난 사람들로, 다시 말해 창조적인 기술을 바탕으로 디자인적 맥락에서 접근해 논리적인 관점으로는 풀기 어려운 비즈니스 문제를 해결할 수 있는 유일한 가능성을 지닌 집단이다.

- 예술적 기술
예술적 기술은 창조적 능력을 바탕으로 시각적인 해결책을 통해 문제를 해결하는 기술이다. 각종 비즈니스 문제를 형태, 색, 재질 등 디자인의 시각적 요소로 나타내 문제 해결책을 보고 느낄 수 있게 하는 능력을 말한다.

- 실용적 기술
디자인을 시각적으로 구현하기 위해서는 기술, 재료, 프로세스 등에 대한 이해와 지식이 반드시 전제되어야 한다. 디자이너가 디자인 콘셉트와 디자인을 잘 계획했다고 해도 물리적 증거로 나타내는 데 실패한다면 결국 불필요한 작업만 늘고 원활한 커뮤니케이션이 불가능해진다. 또한 대규모 프로젝트를 위한 프로세스 상에서 디자인을 시각화하는 일은 디자이너 혼자서 하는 것이 아니라 제작자, 협력 업체와 협업해야 하기 때문에 반드시 필요한 능력이다. 보통 디자이너는 이런 능력이 부족해 만약 이런 능력이 뛰어난 디자이너가 있다면 기업은 반드시 채용해 지원해야 한다.

- 분석적 기술
분석 능력은 디자인 프로젝트에서 디자이너에게 경영의 범주로 들어오게 한다. 프로젝트의 목적은 무엇인지, 참여 인원과 예산은 얼마나 되는지, 프로젝트를 통해 얻을 수 있는 효용은 무엇인지, 프로젝트를 진행하는 데 어떤 제약 조건이 있는지 등 디자인 브리프(design brief, 프로젝트의 배경, 목적, 투입

인력, 예산, 기간 등 전반적인 개요를 서술해놓은 것)를 작성하고, 이들이 경영 목적에 부합할 때 비로소 디자인 프로젝트를 수행할 수 있는 것이다. 마케터나 전략 담당자가 제시하는 가이드라인에 따라 단편적으로 디자인을 하던 차원에서 벗어나 디자이너가 프로젝트 전반에 걸친 이해를 바탕으로 프로젝트를 수행해나갈 수 있는 능력을 말한다. 이런 능력은 '논리적인 면'과 '직관적인 면'을 동시에 필요로 한다. 법적 문제, 예산, 기획, 조직 등의 가시적 문제를 논리적으로 파악하고, 창의적인 직관을 바탕으로 경험, 주관, 인지, 열정 등을 통해 어떤 디자인을 선택하고 어떻게 개발할 것인지 통합하고 이끌어갈 수 있어야 한다.

'디자이너는 과학자의 머리와 작가의 가슴, 공예가의 손을 가지고 있어야 한다.'는 말이 있다. 이는 디자이너 혼자 모든 것을 할 수 있어야 한다는 말로 해석할 수도 있지만, 모든 것을 통합하고 아우를 수도 있어야 한다는 뜻이기도 하다. 디자인도 이와 마찬가지로 한 가지 디자인 산물이 창조되기 위해서는 여러 분야의 지식, 열정을 비롯해 툴 역시 필요하다.

거대하고 복잡해진 정보 사회 속에서 일어나고 있는 디자인의 역할과 속성을 살펴보면 디자이너 혼자 독립된 프로젝트를 진행하는 경우는 거의 없는 듯하다. 디자인과 예술은 그 접근 방법이 전혀 다른데, 예술은 본인의 사고와 의지를 예술가 자신의 언어로 표현한 개인적인 산물이지만, 디자인은 전략과 계획으로 구성된 모두가 공감할 수 있는 언어를 통해 다른 분야의 이해와 협업을 통해서만 생산될 수 있기 때문이다.

지금까지 진행된 대부분의 디자인 작업을 살펴보면 다른 분야와의 협동작업 없이 고립되고 동떨어진 상태에서 독립적인 과정으

로 인식되고 진행되었으나 점차 다른 부서와의 협력 작업을 통한 효
율성에 관심을 두고 작업을 통합해 진행하는 비중이 높아지고 있다.
이는 갈수록 디자인과 다른 분야와의 융합이 필요해지고, 이질적인
분야의 사람들과의 소통이 절실히 필요하다는 뜻이다. 오늘날의 추세
를 보면 디자이너를 필요로 하는 분야가 점차 넓어지고 있다. 이는 디
자인이 활용되는 분야가 넓어지며, 기업 내부의 각종 문제 해결에 디
자인이 지대한 공헌을 하고 있다는 말로 해석할 수도 있다.

디자인매니저(design manager)
각 디자인 프로젝트는 다양한 분야의 지식과 정보를 통합 및
조정하고 촉진하는 과정을 아우른다. 또한 시장과 트렌드의
흐름을 읽는 마케터, 인간적 효율을 담당하는 인간공학자나
심리학자, 프로젝트의 재무를 담당하는 회계사, 기술적 적용
과 개발을 담당하는 엔지니어, 아름답고 독창적인 형태를 개
발하는 디자이너, 그리고 프로젝트를 총체적으로 이끌어가는
프로젝트매니저 등 다양한 사람이 참여한다. 이들은 자신의
분야에 대해서는 누구 못지않은 전문 지식을 자랑하지만 다
른 분야에 대해서는 잘 모르는 경우가 많다. 최근에는 엔지니
어와 디자이너, 마케터 등 여러 분야의 사람이 긴밀하게 협업
해야 하는 일이 늘어나 서로의 역할 규정이나 업무에 대한 이
해의 폭이 넓어지고 있지만, 커뮤니케이션에서 문제가 발생
할 여지는 여전히 남아 있다. 그 때문에 디자인매니저는 다양
한 구성원의 목소리를 귀담아듣고 이를 잘 이해해 서로의 의
견을 조율하거나 타협을 이끌어내는 중간자(linker) 역할을
충실히 수행해야 한다. 또한 기업의 디자인 프로젝트를 검토
하고 추진해야 할 과제를 설정한 뒤 우선순위를 결정하거나
조정하는 코디네이터(coordinator)이며 기업의 임무와 비전

에 부합하는 디자인 프로젝트를 추진하기 위해 방향을 제안하고 각종 전략적 디자인 사업을 이끄는 전략가(strategist)이기도 하다. 더 나아가 디자인의 창조적 방법론이나 신기술을 구성원이 늘 학습할 수 있도록 환경을 조성하고 독려하는 촉진자(facilitator)의 역할과 디자인을 통해 혁신적인 분위기를 내·외부로 확산시키고 각 분야의 역량을 결집해 혁신을 창출하는 혁신자(innovator) 역할을 담당해야 한다. 아무리 디자인이 사회적인 이슈로 떠오르고 해마다 3만여 명이 넘는 디자인 인력이 배출되는 상황이라 해도 이런 전천후 코디네이터를 찾는 것은 쉬운 일이 아니다. 디자인 교육 현장에서도 광의의 개념에서 디자인을 적용하고 활용할 수 있는 전문 인력을 육성하기 위해 다양한 학제적 장치를 마련하고, 경영학 분야에서도 디자인 개념을 포섭하느라 여념이 없다. 하지만 무엇보다 꾸준한 경험을 통해 노하우를 축적해야 균형 잡힌 디자인매니저로 성장할 수 있다.

다음은 디자인매니저와 디자이너의 업무를 좀 더 세분해 정리한 표이다. 직급이 올라갈수록 다루어야 하는 디자인의 개념과 범위도 넓어지고 그에 따라 고려해야 하는 관심 사항도 달라지겠지만, 각각의 영역은 서로 긴밀하게 연결되어 있기 때문에 칼로 무 자르듯 나눌 수 없다. 상황에 따라 한 사람 또는 여러 사람이 업무를 나누어 진행할 수도 있기 때문에 기업 내 디자인 조직도 탄력적으로 운영해야 한다. 표를 보면 자칫 디자인매니저와 디자이너가 목적이나 관점, 사고방식 등에서 차이를 보이는 것처럼 비칠 수 있다. 하지만 이는 어디까지나 역할에 따른 일반적인 내용을 정리한 것에 지나지 않는다는 점을 염두에 두어야 한다.

분류	디자인매니저	디자이너
목적	수익 창출, 조직 생존, 조직의 이익	제품·서비스 품질 향상, 혁신, 자기 발전
관점	중장기 관점(시스템, 자원 관리)	단기 관점(사물, 공간, 사람)
역량	회계, 공학, 통계, 경영	공예, 예술, 시각, 기하학
사고	분석적, 문제 해결 지향	창의적, 결과물 지향
행동	보수적, 신중	도덕적, 혁신
문학	일관성 추구	다양성 추구

디자인디렉터(design director)

디자인디렉터는 기업에서 디자인센터장이나 디자인소장과 같은 위치이다. 물론 각 분야의 디자인을 전담하는 인력도 디자인디렉터라고 할 수 있지만, 여기에서 말하는 디자인디렉터는 한 기업의 모든 디자인 분야를 통합해 모든 디자인 프로젝트에 투입되는 자원을 조율하고, 프로젝트를 이끄는 총괄 업무를 수행하는 사람을 말한다. 기업에서는 보통 디자인디렉터를 채용할 때 한 분야의 디자인 전문 회사에서 오랜 기간 디자인 개발 업무를 수행한 경험자를 우선순위에 둔다. 하지만 디자인디렉터가 해야 할 일은 한 가지 분야의 디자인 개발 업무가 아니라 기업이 필요로 하는 전반의 디자인 영역에 대한 전략적 개발과 활용이다. 그런 측면에서 디자인 개발 업무를 오래 수행한 디자이너보다는 비록 경험이 조금 부족하더라도 디자인의 모든 분야에 대한 이해가 있고, 디자인과 인접한 마케팅, 경영, 공학 등 다른 분야와의 커뮤니케이션에 두려움이 없고, 디자인 개발뿐 아니라 인접한 분야의 지식을 습득하기 위해 끊임없이 노력하는 사람이 적합하다.

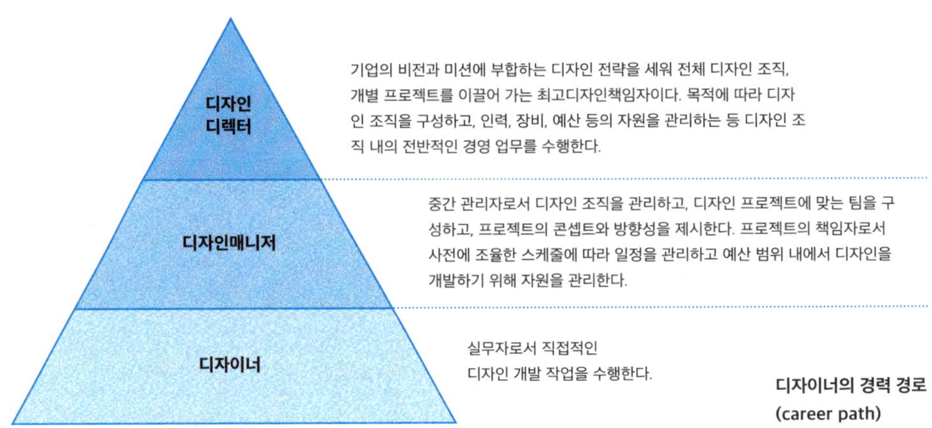

서비스디자인을 위한 조직과 인력

다음의 다이어그램은 기업을 위한 다소 이상적인 디자인 조직을 보
여준다. 기업에서 전략적으로 활용되는 디자인 분야를 크게 공간, 제
품, 아이덴티티, 정보, 디지털디자인, 크게 다섯 가지로 나누었을 때
각 분야를 전문적으로 담당하는 디자인매니저를 둘 수 있을 것이다.
그들은 기업 내에서 필요로 하는 자신의 전문 디자인 분야를 전담한
다. 각 디자인 분야는 나름대로 전문성을 띠고 있으므로 분야의 업무
를 조율하는 역할을 담당한다. 주로 내부 담당 업무뿐 아니라 외부의
전문 업체나 전문가 등을 관리하고 적재적소에 참여시켜 최적의 디
자인을 개발 및 유지하고 관리하기 위해 온갖 노력을 하게 된다. 그
들은 일반 디자이너로서 개발 업무에 치우치는 것이 아니라 조정하
고 통제하는 일이 역할의 주를 이룬다.

기업에 가장 적합한 디자인 인력은 디자인을 개발하는 디자
이너가 아닌 조직을 알고 조직의 서비스를 이해하면서 이를 디자인
에 반영할 줄 아는 디자인 전략가이다. 이들은 디자인과 트렌드 전

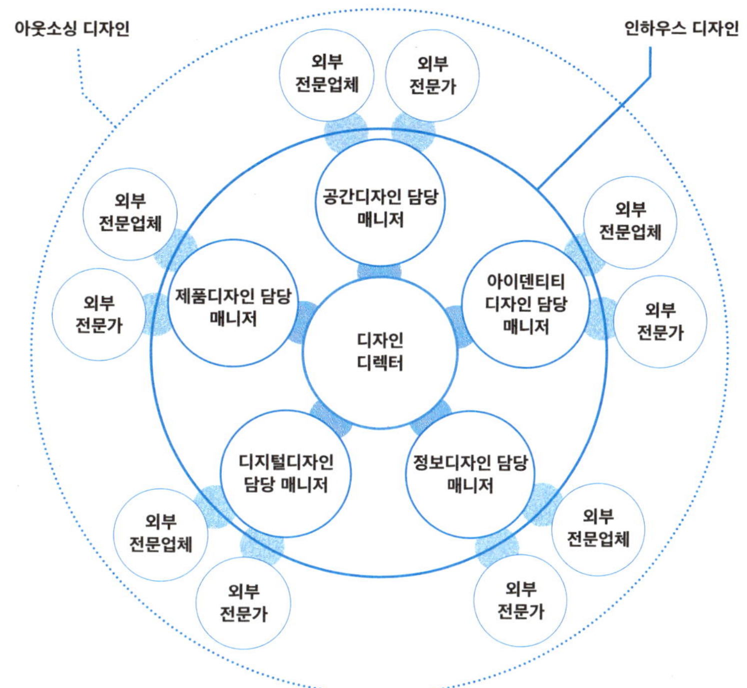

반에 대한 지식이 폭넓을 뿐 아니라 비즈니스에 대한 감각과 지식을 바탕으로 회사가 원하는 바를 정확히 파악하고, 디자인이 그 목표에 어떻게 도움을 줄 수 있는지 조언해주는 전문가이다.

디자이너가 해낼 수 있는 역할은 여러분의 생각보다 많다. 만약 여기에 이의가 있다면 그것은 여러분이 아직 역량 있는 디자이너를 만나지 못했기 때문이다.

디자인은 가치 지향적인 활동이다. 디자이너는 언제나 세상에 가치를 부여하는 활동을 한다. 또한 문화를 창조하고 경험을 생산해내며 사람들에게 의미를 부여하는 일을 한다.

151

디자이너는 본질적으로 역동적이다. 사람들은 대개 변화를 두려워한다. 하지만 디자이너는 언제나 모든 이론적 과정을 뛰어넘는 것을 상상해야 하고, 새로운 지식과 트렌드, 기술을 습득하지 않는 이상 본연의 임무를 수행하기 어렵기 때문에 언제나 깨어 있어야만 한다. 과연 기업의 어느 부서의 사람들이 매일 그런 혁신의 과정을 거치려고 노력하는가. 매일 디자이너들이 수행하는, 고통스럽지만, 그들에게는 즐거운 진화의 과정을 만약 기업의 모든 구성원들이 이행한다면 그 기업은 우리가 언제나 꿈에서만 그리던 이상적인 기업이 될 것이다.

그러나 모든 디자이너가 위에서 언급한 대로 디자인 업무를 실행하는 것은 아니다. 어떤 디자이너든지 어떤 식으로든 도출된 결과물을 기업에 제공할 수는 있다. 하지만 과연 원하는 철학과 콘셉트를 디자인에 담아내 기업에 긍정적인 역할을 하는 해법을 찾아내는 일은 아무 디자이너나 할 수 있는 것은 아니다. 따라서 어떤 디자이너를 채용하고, 어떤 외부 디자인 전문가와 협업할 것인지에 대해서는 기준을 만들고 평가해서 실행해야 할 문제이다. 기업의 경영진의 가장 도전적인 과제는 회사의 비전과 전략을 잘 이해하고 이에 부합하는 디자인을 창조할 수 있는 디자이너를 찾는 일일 것이다.

서비스디자인 가치 판단의 기준

서비스를 개발하는 단계에서 기업이 피해 갈 수 없는 최대 난관이 바로 디자인 평가이다. 오늘날의 기업이 운용하는 정밀한 마케팅 기법은 시장의 수요와 고객의 욕구를 알아내는 데 유용하다. 여기에 어느 정도의 통찰력이 추가된다면 미래의 시장 상황까지 예측할 수 있을 것이다. 하지만 유감스럽게도 어떤 디자인이 성공을 가져올지 정확하게 예측할 수 있는 평가 수단은 아직 찾아보기 어렵다. 수많은 대안 가운데 최종 개발 단계까지 올라온 2-3개의 디자인 안 중에서 어느 것을 선택해야 하는지의 문제는 결코 쉬운 일이 아니다.

비교적 새로운 분야로 떠오르고 있는 서비스디자인은 전통적인 디자인 평가 방법을 적용하는 데 더욱 세심한 주의가 필요하다. 이는 부분적으로 서비스 자체의 특성, 다시 말해 대상이 보이지 않는 어려움에 기인하며, 그 일부는 혁신적인 프로세스로서 디자인 경영이 확고하게 자리 잡지 못한 데에서 원인을 찾을 수 있다. 여기에 디자인을 개발하고 평가하는 명문화된 매뉴얼마저 없다면 상황은 더욱 절망적이다. 이런 경우 선택은 디자인 전문가보다 의사 결정권자의 몫으로 돌아가기 쉽기 때문이다. 기호나 취향이라는 모호한 기준이 끼어드는 것도 바로 이 대목이다. 물론 기호나 취향이 판단 기준이 될 수 없다는 의미는 아니다. 어떠한 경우라도 객관적인 지표는 필요하며 디자인 개발에 큰 비용과 시간을 쏟아 부어야 하는 기업 입장에서는 더더욱 절실한 대목이다.

이렇게 디자인 평가가 쉽지 않은 근본적인 이유는 디자인에 과학적이고 객관적인 지표를 적용하기가 어렵기 때문이다. 더욱이 제품디자인에 비해 감성적인 접근이 중요한 역할을 하는 서비스디자인은 과학적 근거를 제시하기가 더욱 어렵다. 하지만 감성이 판단 기준이라 할지라도 그것을 객관적으로 판단하고 활용하는 것이 불가능한 것만은 아니다.

할리우드 영화를 한번 생각해보자. 제작과 마케팅에 천문학적인 비용이 들어가는 블록버스터 영화에 실패는 용납될 수 없다. 영화의 흥행은 감독, 배우, 시나리오, 특수 효과, 마케팅 등 여러 요소에 따라 결정된다. 그 가운데에서도 가장 중요한 역할을 하는 요소가 바로 '재미'일 것이다. 할리우드 영화의 힘은 사람들에게 엔터테인먼트를 제공하기 위해 모든 자원을 철저하게 과학적으로 관리하는 시스템에서 나온다. 예측하기 어려운 '재미'라는 요소를 통제할 수 있는 요소로 만드는 것이다. 세계 시장에서 영향력이 막대한 디즈니 영화는 시나리오 선택이나 제작 과정이 까다롭기로 유명하다. 또한 영화가 완성되었다고 해서 바로 개봉하는 것이 아니라 미국 전역에 걸쳐 각 지역별, 나이별, 인종별로 관객의 반응 조사를 거친다. 특히 예상 관객 연령층을 대상으로 대대적인 설문 조사를 하고 다양한 의견을 종합해 수정을 거듭한 뒤에 내부에서 최고를 뜻하는 '엑설런트(excellent)'라는 반응이 90% 이상 나와야 비로소 상영을 할 수 있다. 물론 이런 예를 바로 디자인에 적용하는 것은 무리가 있다. 또 과학적 평가의 객관성이라는 측면을 너무 강조하다 보면 디자인의 창의력을 구속해 '할리우드 영화' 같은 '무난한' 디자인이 나오기 쉽다.

몇 년 전부터 주목받고 있는 '컬러 마케팅' 역시 실제에 적용할 때에는 주의를 기울여야 한다. 특히 기업의 해외 시장 진출이 점차 늘어나는 시점에서 다른 나라의 문화에 대한 피상적인 이해만으로 접근할 경우 낭패를 보기 십상이다. 예를 들어 중국과 관련된 색을 생각할 때 사람들 대부분은 빨간색을 떠올릴 것이다. 물론 빨간색이 중국을 상징하는 색이긴 하지만 서비스 상품이 10-20대의 젊은 층을 겨냥하는 경우에는 이야기가 달라진다. 실제로 리서치 결과 중국의 젊은 세대는 빨간색을 전통과 관련된 것으로, 그래서 낡은 느낌을 불러일으키는 색으로 여긴다. 이렇게 객관화된 지표나 연구 결과가 있다 해도 창의적인 적용을 위한 고민 없이 기계적으로 색을

적용한다면 고객의 감성을 자극하기는커녕 오히려 식상한 느낌만
부를 수 있다.

　　정경원은 저서『디자인 경영』에서 세계적으로 유명한 디자
인 공모전에서 디자인을 평가하는 기준을 분석한 뒤 조형성, 합목적
성, 경제성, 제작성, 유용성, 적합성, 만족성, 환경친화성을 디자인 평
가의 객관적 지표로 제시했다. 하지만 이들은 말 그대로 보편적으로
적용되는 평가 기준일 뿐 실제로 기업이나 서비스의 특성에 따라 적
용하는 방법은 천차만별일 수밖에 없다. 기본적으로 해당 기업에서
제공하는 서비스의 종류나 특성에 따라 선택하거나 강조해야 할 기
준이 다를 것이며, 평가 항목을 적용하는 방식이나 세부 항목 또한
다를 것이다. 따라서 개별적인 디자인을 개발하는 것만큼이나 자사
가 제공하는 서비스디자인의 특성을 파악하고 고객의 감성을 포괄
할 수 있는 평가 체계를 개발하기 위해 노력을 기울여야 한다.

서비스디자인 개선과 터치포인트 확장

디자인 평가를 거친 다음에는 반드시 그에 따른 후속 조치가 뒤따라
야 한다. 여기에는 개별 터치포인트를 개선하고 디자인 프로세스를
보완하는 것은 물론, 디자인 전략을 수정하는 포괄적인 변화에 이르
기까지 다양한 대응이 포함된다. 이를 반드시 디자인으로 한정할 필
요는 없다. 디자인에서 드러난 문제점을 해결함으로써 전반적인 서
비스의 질이 함께 향상되는 경우를 흔히 볼 수 있으며, 달리 보면 이
것이야말로 서비스디자인이 지닌 본질적인 힘이기 때문이다. 특히
서비스의 가치는 하루아침에 고객이 인식하는 것이 아니라 오랜 시
간 동안 끊임없는 관심과 세심한 배려를 통해 전달되어야 하기 때문
에 고객이 만나는 모든 유·무형의 터치포인트는 항상 관심의 대상
이 될 수밖에 없다.

　　　디자인매니저는 디자인 리뷰에서 제기된 문제점을 바탕으로
관련 부서와 함께 실현 가능한 개선안을 찾아야 하며, 문제점에 적
절하게 대처하고 있는지 정기적으로 점검하는 장치를 마련해야 한
다. 디자인 평가에 앞서서 후속 조치를 담당할 부서나 책임자를 미
리 명시하는 것도 좋은 방법이다. 이렇게 하면 담당 업무와 그에 따
르는 책임을 명확히 할 수 있으며, 디자인 감사 활동 역시 효율적으
로 진행할 수 있다. 또한 개선안을 모색할 때에는 프로젝트 관계자
외에도 사내의 다양한 의견을 수렴하는 것이 바람직하다. 이를 위해
채택된 개선안에 대해서는 그 성과를 인정해주는 등의 활성화 방안
도 고려해볼 수 있을 것이다.

　　　디자인 평가에서 문제가 제기되지 않더라도 현재 제공하는
서비스에 숨어 있는 잠재적인 터치포인트를 발굴하는 일 역시 거시
적인 관점에서 서비스디자인의 영역에 포함된다. 터치포인트는 시
장 상황이나 기술 변화 등 외부 요인에 따라 발굴될 수도 있고, 마케
팅 전략의 변화 등 내부 요인에서 비롯할 수도 있다. 지속적인 발굴
을 통한 터치포인트의 확장은 종종 혁신적인 디자인과 결합해 경쟁

사와 차별되는 서비스를 제공하는 기회를 마련해주기도 한다. 하지만 어떤 경우라도 터치포인트를 발굴하고 확장하는 데에는 기존의 터치포인트를 개선할 때보다 좀 더 신중한 주의가 필요하다. 새로운 터치포인트가 기존의 것과 충돌하지는 않은지, 고객 입장에서 기존 서비스와 혼동할 우려는 없는지 등을 면밀하게 분석한 뒤 실행에 옮겨야 한다. 또 새로운 형태의 터치포인트가 고객에게 인지되고 익숙해지는 과정에 주의를 기울이면서 기존 디자인을 평가할 때보다 좀 더 유연한 자세로 임할 필요가 있다.

마지막으로 디자인 리뷰를 통해 개선안을 찾거나 새로운 터치포인트를 발굴한 뒤에는 사내 인트라넷 등을 통해 해당 서비스 개발에 참여한 모든 사람에게 잊지 말고 알려야 한다. 특히 디자인매니저는 아무리 사소한 변화라도 서비스디자인 개발을 위한 청사진에 반영해, 프로젝트에 참여하는 모든 사람이 필요할 때 쉽게 참고할 수 있도록 배려해야 한다. 하나의 서비스가 생명력을 잃지 않고 오랫동안 지속되기 위해서는 무엇보다도 프로젝트에 참여하는 모든 구성원의 지속적인 관심과 배려가 필요하기 때문이다.

서비스디자인, 유·무형의 고부가가치를 디자인하다

이성필

미국 브리지포트대학교(University of Bridgeport)에서
산업디자인과 기계공학을 전공했다. 한국감성과학회와
한국디자인학회에서 상임이사로 활동했고, 미국 체신청과
LG전자 정보통신디자인연구소에서 일했다. 현재 동서대학교
디자인전문대학원 서비스디자인학과 책임교수 및
서비스이노베이션센터 센터장으로 재직 중이다.

사회적 요구와 서비스디자인의 중요성

"세탁을 원하는 것이지 세탁기를 원하는 것이 아니다. 상품은 가고 커뮤니티(community)가 온다."라는 말이 있듯이 사회의 관심과 초점이 달라져 소비 트렌드가 제품에서 서비스로 또, 제품 자체보다는 제품에 대한 경험이 중요하게 부각되고 있다. 이에 어느 때보다 소비자들에게 서비스가 주요한 상품의 일부로 인식되면서 서비스디자인의 필요성이 주목받기 시작했다. 《가디언(Guardian)》은 서비스에 대해 제품보다 까다롭고 본질적으로 무형이어서, 제품의 품질 관리처럼 정량화하기 어려워 서비스디자인에 대한 담론이 부상된다고 지적하고 있다.

그렇다면 오늘날 서비스디자인에 주목해야 하는 이유는 무엇이며, 기업의 측면에서 디자인이 실제로 얼마나 긍정적인 결과를 가져다주었는가? 디자인이 기업의 경쟁력이라는 경영 인식과 디자인을 상품이 지닌 가치 그 이상까지 확대해야 한다는 목소리가 높아지고 있다. 이런 관점에서 볼 때 사회적으로는 학제 간 융합을 통해 새로운 산업의 발굴과 방법을 모색하고 있다. 미래의 디자인은 부가가치가 높은 유·무형의 서비스를 구체화한 개념이 중요하며 이것을 서비스디자인이라 할 수 있다. 다시 말해 서비스디자인이란 유무형의 가치를 구체화해 서비스 수혜자가 제공되는 서비스에 대해 더 높은 가치를 느낄 수 있도록 하는 'R&D(Research & Development) 방법론'이라 할 수 있다.

기존의 디자인과 서비스디자인의 차이점

기존의 디자인이 유형의 물건을 만들고 각각의 기능 요구에 따라 형상화하는 것이라면, 서비스디자인은 서비스의 수혜자 관점에서 그들의 문제점이나 요구 사항을 해결하기 위해 서비스 공급자의 관점, 그리고 사회적 관점까지 통합적으로 고려해 상호 이익과 공공 이익을 위한 결과물을 창출하는 것이며, 이를 통해 새로운 문화 및 산업을 창출해내는 행위이다.

한편 기존의 디자인은 개별 상품을 단순히 더 나은 상품으로 개선하는, 사용성 중심 연구의 한계에서 벗어나지 못하고 있다.

서비스디자인은 단순히 기존의 서비스를 더 나은 서비스로 개선한다는 의미보다는 새로운 산업을 지속적으로 발굴(explore)하고 혁신하는 것이며, 동시에 단순히 사용자가 아닌 외적 속성(outer architecture)과 내적 속성(inner architecture)을 유기적으로 폭넓게 연구하는 것이다.

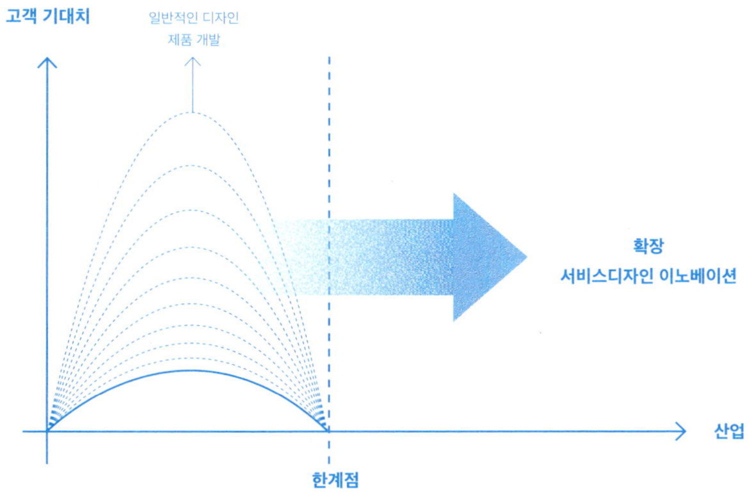

159

서비스디자인 연구 분야

서비스디자인 연구의 학문적 측면에서의 목적은 서비스산업의 전반에서 디자인을 포함한 다학제적인 관점에서 사회와 기업에 어떻게 기여할 것인지 연구하는 것이다. 다시 말해 새로운 문화와 산업을 창출하는 데 유기적으로 엮인 내부 구조와 방법을 통합적으로 고려하지 않는다면 최적화된 결과물이 나오지 못할 것이다.

아래의 도표는 서비스디자인의 연구 분야를 분류한 것이다. '경제 활성화'와 '지속 가능한 사회'를 구축하기 위해 필요한 것을 '수단'과 '목적'으로 분류했다. 경제 활성화를 위한 수단으로서의 '지역 재생(regional revitalization)' 분야를 위한 공공서비스, 경제 활성화를 위한 목적으로서의 생산성 향상(productivity improvement)을 위한 서비스, 수단으로 지속 가능한 사회를 구축하기 위한 제품 서비스 시스템(product service system)이 그것이다.

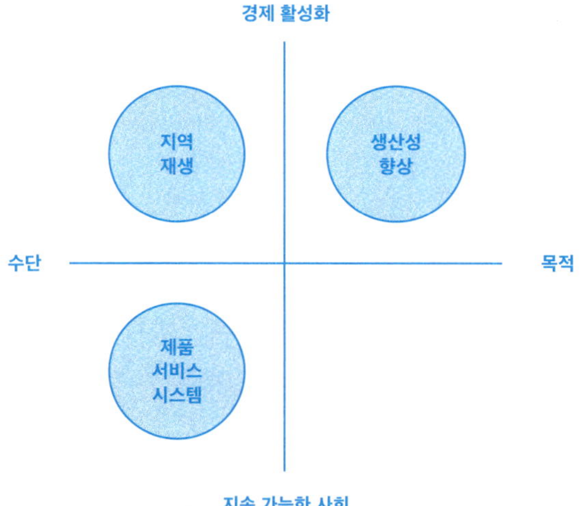

또한 서비스디자인 연구의 전략적 구축을 위해 아래 도표와 같이 공급을 표
준화하는 전략에서 벗어나 공급의 다양화(맞춤형 서비스 상품), 수요의 다양
화(컨설팅 서비스), 수요의 표준화(고객 관리 서비스) 전략으로 폭넓은 연구
가 필요할 것이다.

서비스디자인 연구의 전략 분야

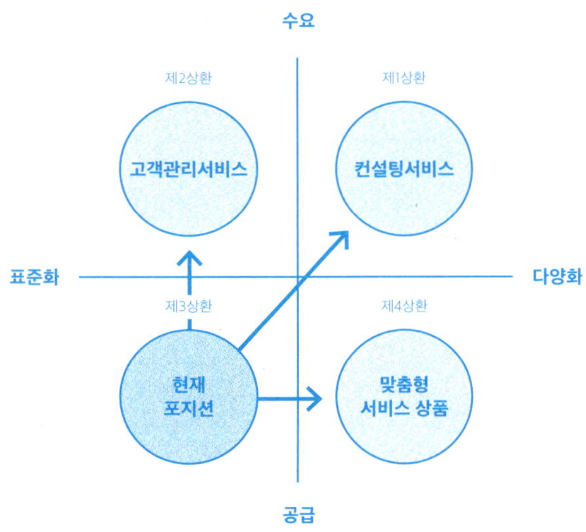

혁신은 한동안 실행해야 할 대상이나 특별한 이벤트가 아닌
평소의 마음 자세로 여겨져야 한다. 혁신은 모든 기업의 모든
부서에 골고루 퍼져 있어야 하고, 모든 구성원이 항상 지니고
있어야 하는 마음가짐이다. 만일 기업에서 혁신을 하고 싶다면
이는 회사 전체의 문제이므로 한 부서에 그 역할을 맡기거나
실행시키는 것은 소용없는 일이다.

폴 기롤라미 Paul Girolami
글락소 Glaxo 전 회장

6

기업들이여,
서비스디자인으로
혁신하라

기업들이여, 서비스디자인으로 혁신하라

날이 갈수록 기업 경영에서 디자인의 역할이 중요해지고 있다는 것은 아무도 부인할 수 없다. 그렇지만 먼저 기업이 디자인을 도입하기 전에 디자인에 대해 잘 알아야 할 것이다. 무작정 디자이너를 고용하거나 디자인 전문 회사에 서비스디자인을 의뢰한다고 해서 저절로 서비스디자인을 성공시킬 수 있는 것은 아니다. 서비스디자인을 하려면 먼저 디자인을 활용하는 법을 익혀야 한다.

그렇다면 어떻게 디자인을 활용해야 할까. 그리고 그것이 제대로 된 것인지 어떻게 알 수 있을까. 실망스러운 대답일 수 있지만, 디자인을 이해하고 활용하는 가장 좋은 방법은 디자인을 직접 시도해보는 것이다. 국내에서 일찍이 디자인의 중요성에 주목해 디자이너를 적극적으로 활용한 기업으로 LG전자를 꼽을 수 있다. 1959년 '금성사'라는 이름으로 서울대학교 미술대학 회화과 졸업반인 박용귀를 디자이너로 채용해 한국 최초의 라디오인 A-501을 제작했으니, 이 정도면 꽤 이른 시점이다. 당시 선례가 없는 상황에서 '의장실'을 꾸려가야 했던 금성사는 여러 난관에 부딪혔다. 디자인은커녕 라디오에 들어가는 부품도 거의 생산되지 않던 시절이니 어려움이 클 수밖에 없었다. 설계팀이 한창 라디오를 설계하는 중에도 기술팀은 필요한 부품을 제작하기 위해 백방으로 뛰어다녀야 했다. 하지만 금성사는 이때의 경험을 발판으로 한국 최초의 선풍기, 다이얼 자동식 전화기 등을 생산하며 국내에서 굴지의 가전제품 회사로 입지를 굳힐 수 있었다.

객관적으로 보면 당시 제품 생산 과정에서 디자이너가 얼마나 그 역할을 해냈는지 의문의 여지가 있는 것은 사실이다. 디자인이 부품과 모델을 국외에서 들여와 외형을 포장하는 개념이었으니, 20세기 초 산업디자인의 여명기에 활약한 스타일리스트의 작업과 별반 다르지 않았을 것이다. 하지만 1983년 금성사가 디자인종합연구소를 설립하고 효과적인 경쟁 전략의 하나로 디자인을 채택할 수 있었던 것은 오랜 디자인 활용 경험이 있었기 때문이다.

통계적으로 보면 하나의 기업이 디자인에 눈뜨고 그것을 효과적으로 활용할 수 있는 수준에 도달하려면 어느 정도 시간이 필요하다. 디자인에 안목과 열정을 지닌 CEO의 역할이 중요한 것은 사실이지만, 매스컴에 비치는 것처럼 그것만으로 모든 것이 해결되지는 않는다. 그런 생각은 '디자인 경영'에 대한 잘못된 선입견을 심어주기 쉽다. 실제로는 디자인에 대한 주의 깊은 배려가 있었음에도 실패를 경험한 기업이 적지 않다. 물론 처음부터 디자인이 중요한 경쟁 요소로 작용하는 분야에서 시작한 경우 그 과정을 단축시킬 수는 있지만 대부분 디자인에 대한 기본적인 이해에서 시작해야 한다.

혁신은 어느 기업이나 조직에서든지 지속적으로 추진해야 할 중요한 과제이다. 1970-1990년대 한국이 개발도상국으로 급속한 성장을 거듭할 때부터 2011년 기준 1인당 GDP가 2만 달러를 넘어서고, GDP 규모가 세계 15위 국가가 된 지금에 와서도 혁신은 우리가 넘어서야 할 과제로 항상 남아있다. 혁신은 변화하고 바꾸고 대체하고 새로운 것을 가져오는 과정이자 결과이다. 경영에서도 혁신은 기업의 당연한 의무인 끊임없는 수익 창출을 위해 지속 가능한 성장과 발전을 가져다주는 '절대 반지'라고 굳게 믿고 있는 듯하다.

이제 더는 새삼스럽지도 않은 '혁신'이라는 단어가 '블루오션(blue ocean)'이라는 엄청난 파도로 우리에게 불어 닥친 사실은 그 '혁신'이라는 불씨가 영원히 사그라지지 않을 것이라는 사실을 다시금 깨우쳐준다.

사람들에게 '디자인'과 '혁신'이라는 용어는 둘 다 모호하면서도 서로 창의라는 매개로 대체 가능한 동의어로 인식되기도 한다. 이는 무엇인가를 지속적으로 발전시키기 위해 '탈바꿈'한다는 용어로 사용해도 문맥상 이해할 수 있는, 모호하면서도 적당한 용어이기 때문이다. 특히 기업에서 자주 사용하는 '기업 혁신'이나 '상품 혁신'

을 예로 들었을 때, 기업의 문화나 조직, 제품이나 서비스 등을 개선하고 발전시킨다는 측면에서의 용어라는 점에서 서로 통하는 면이 존재한다.

'혁신'과 '디자인'은 공통적으로 종종 논리적인 해석을 거부하는 측면이 있다. 더군다나 오늘날과 같이 소비자와 시장 상황이 급변하고 논리적인 해석을 뛰어넘는 사회·문화적 현상이 자주 발견되는 시점에서 대규모의 소비자나 시장 정량 조사를 통해 결과를 도출하고 이에 대한 분석에 따라 상품을 개발하거나 시장을 개척하는 등 단계별로 절차를 밟아 실행에 옮겨 대응하거나 의사 결정을 하는 것은 이미 시장에서 뒤쳐지기 십상이다. 따라서 때로는 비논리적으로 비치고 지나치게 과감하게 보이기도 하는 방법론이 매우 자주 우리에게 '예상치 못한 놀라운 결과'를 가져다주는 '혁신'이나 '디자인'에 관심을 두는 것은 그리 놀라운 일이 아니다.

창의가 더욱 절실히 요구되는 시점에서 '혁신'과 '디자인'이라는 용어는 기업과 시장을 혁신하기 위해 상호보완적이고 긴밀한 관계를 맺고 있다. 하지만 혁신은 디자인보다 더 진보적인 넓은 개념이며, 디자인은 그 속성상 양상과 특징이 혁신과 매우 비슷하지만 우리가 혁신할 수 있는 수많은 과제 가운데 일부로 그 범위가 한정된다. 디자인은 전사적인 차원에서 활기를 불어넣고 도약을 가능하게 하는 활동적인 도구로 기능한다.

디자인을 기업 내·외부에 광범위하게 적용해 이끌어낼 수 있는 혁신의 방향과 범위는 크게 '기업 혁신'과 '고객 혁신'으로 나누어볼 수 있다. 기업 혁신은 디자인으로 기업 내·외부의 조직과 문화를 혁신하는 것이고, 고객 혁신은 기업이 디자인으로 혁신적 제품과 서비스를 개발하고 이를 고객들에게 제공하는 것을 통한 혁신이다.

다음의 다이어그램에서 가로축은 디자인에 따른 '기업 혁신' 축으로 디자인 고유의 창의적이고 자율적인 속성을 통해 조직 내부를 활력적이고 조화롭게 하며, 조직 외부로는 긍정적 기업 문화의 이미지를 나타나게 하는 전략적 방향성을 가지고 있다. 세로축은, 조직이 행하는 디자인의 적극적 개발과 활용을 통해 고객이 느끼고 경험하게 되는 감동적인 제품 및 서비스를 혁신하기 위한 전략적 방향성을 가진다. 이는 디자인 혁신을 통해 기업이 얻게 되는 효용을 디자인 경영 차원에서 분류한 것으로 '디자인 혁신 크로스(design innovation cross)'라 부를 수 있다.

디자인 혁신 크로스

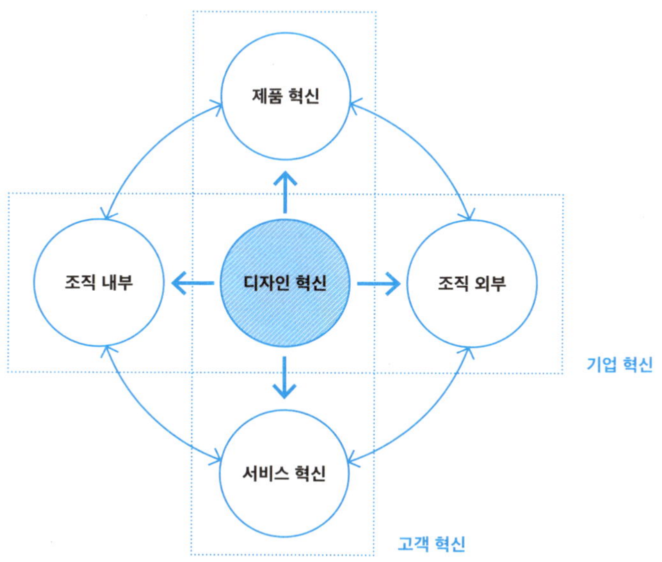

디자인을 회사 내 한 부서의 업무로 한정하고, 디자이너는 그 업무만을 수행하는 사람이라고 치부하기에는 디자인과 디자이너가 지닌 역량과 잠재력은 무궁무진하다. 근본적으로 그들이 해왔고 하고 있는 일은 겉으로 보기에는 단순히 그림을 그리고 스타일링을 하는 것이지만, 실제로 그것은 기업의 비전과 가치를 창조해내고, 고객의 경험과 욕구를 충족시키는 일이기 때문이다. 더군다나 이들은 조직 내 어떤 인력이 하지 못했고 하지 않았던 생각과 접근을 시도하는 부류이기 때문에 디자인과 디자이너가 조직 내부에서 지닌 의미는 중요하다 할 수 있다.

앞서 말한 바와 같이 디자인은 근본적으로 혁신적이라는 속성을 지닌다는 점과 디자이너는 한시적이 아닌 언제나 혁신을 수행해나가는 사람이라는 것을 고려할 때, 조직에 디자인과 디자이너의 씨앗이 널리 뿌려진다면 일상에서 혁신적인 정신을 전파해 조직의 긍정적 변화를 주도하는 세력으로 놀라움을 가져다주게 될 것이다.

우리 주위의 모든 것은 디자인되어 있다. 일차적인 기업의 역할로 무언가 만들어지게 되고 소비자에게 공급되면 이는 사용자나 소비자와 끊임없는 커뮤니케이션을 하게 된다. 그러면서 디자인과 사용자 간에 대화가 일어나고 의미를 지닌 대화는 사람과 사물 간에 문화를 형성한다.

이는 과장이 아니다. 정말 우리 주위의 모든 것은 디자인되어 있고, 우리는 그 사물 하나하나와 암묵의 대화를 하고 있다. 그 과정이 지금 이 순간에도 끊임없이 일어나며 문화는 만들어진다. 우리는 우리 앞에 놓인 휴대폰, 노트북, 종이, 펜 등의 온갖 사물이나 광고, 카탈로그, 인터넷 등 모든 정보물 등을 보면서 여러 느낌과 생각, 이미지를 떠올린다. 이것이 바로 디자인과의 커뮤니케이션이다. 잠깐 눈을 돌려 주위를 보라. 얼마나 많은 디자인된 사물이 있고 이를 통해 당신이 얼마나 많은 대화를 나누고 있는지를. 단 1초의 순간에도 기억에 수십 가지 인상과 이미지가 남게 될 것이다. 그런데 만일 이런 사물들이 우리에게 주는 메시지가 스트레스와 불쾌, 짜증이라면 우리의 삶은 얼마나 힘들고 고될 것인가. 여기에서 우리는 이 모든 것을 디자인하는 디자이너가 얼마나 중요한 존재인지 알 수 있다. 그들이 디자인하는 우리 생활의 환경에 따라 우리의 삶이 상쾌하고 즐거울 수도, 괴롭고 짜증이 날 수도 있는 것이다.

지금 끊임없이 생성되는 변화하는 많은 정보의 홍수 속에서 디자인과 디자이너의 역할은 물리적 형태의 창조라기보다는 어떤 의미를 창조하고 어떤 가치를 제공할 것인가에 그 초점이 집중되고 있다. 디자이너의 직관과 감성으로 창조되는 독창적이고 매력적인 활동을 기대한다.

창조 경영 시대의 서비스 기업의 진화와 디자인

김보영

현재 서울과학종합대학원대학교 교수로 이화여자대학교 시각정보디자인학과와 동 대학원을 거쳐 영국 브루넬대학교(Brunel University)에서 디자인경영 박사학위를 취득했다. 한국디자인경영학회와 한국상품학회 이사, 한국여가문화학회 상임이사, 디자인코리아 국회포럼 기획운영 연구위원 등으로 활동하고 있으며, 저서와 역서로 『디자인 인 비즈니스』『디자인 마케팅』『디자이노베이션』 등이 있다.

‘하이테크(high-tech)에서 하이터치(high-touch)’로 시대적 패러다임의 정의가 내려질 무렵 전 세계 경제의 패러다임은 ‘컨버전스(convergence)’와 ‘콘텐츠(contents)’라는 단어에 집중하기 시작했다. 산업의 경계가 무너지고 지적 자본 시대가 오면서 지난 20세기 ‘재화’와 ‘용역’이라는 단어로 해석되어오던 ‘제품’과 ‘서비스’의 의미는 바뀌었다. 산업 시대에 기업을 움직이던 하드웨어 중심의 경영 구조는 서비스를 지원과 보조적 수단으로 정의했다. 서비스는 제품의 판매 전후를 담당하는 영업적 ‘보조 상품’이었다.

그러나 오늘날 서비스는 제품보다 중요한 교환 수단과 경쟁력으로 작용한다. 이제 고객은 제품의 내구성이 아닌 서비스의 차별성에 반응하며, 제품의 기능보다 서비스 품질에 더 높은 가치를 지불한다. 그 때문에 오늘날 많은 기업은 아이튠스를 통한 아이팟의 성공 사례와 같이 제품과 서비스의 통합, 제품의 서비스화에 집중하고 있다.

	산업경제	지식경제	창조경제
시대	하드웨어 시대	소프트웨어 시대	휴먼웨어(human ware) 시대
사회	산업사회	정보사회	감성사회
성장 동력	토지, 노동, 자본	정보, 지식	상상력, 창조력
대표 산업	자동차, 조선, 철강	가전, 반도체, 정보통신	서비스, 콘텐츠, 문화

경제 패러다임과 산업 환경의 변화

오늘날 시장에서 나타나는 소비 패턴을 살펴보자. 음식 재료를 사는 것보다 레스토랑에 가서 지출하는 비용이 급증하고 있다. 헬스장이라는 인프라를 이용하기 위한 목적보다 헬스 트레이닝 프로그램을 구매하기 위해 돈을 지불한다. 튼튼한 집보다 안전하고 살기 좋은 환경에 더 중요한 소비 가치를 두며, 타이어를 교체하러 가서도 직원의 태도와 시설을 평가하는 것이 오늘날 소비자가 소비 생활 속에서 보여주는 모습이다. 많은 제조 기업이 서비스에 대한 새로운 아이디어와 서비스 상품을 고민하는 이유가 여기 있으며, 서비스산업의 성장과 진화는 더욱더 급속히 진행될 것이다.

전 세계 80%에 가까운 산업의 중심으로 자리 잡은 서비스업은 온라인 비즈니스는 물론 레저, 교육, 컨설팅, 엔터테인먼트 등 과거 영세한 소규모 비즈니스의 형태를 벗어나 시스템을 갖춘 기업형 비즈니스로 새로운 경제 질서의 중심에 서고 있다. 세계 최초 서비스 그룹(서비스 비즈니스 기업만으로 계열사를 지닌 그룹)인 버진그룹은 이제 버진갤럭틱(Virgin Galactic)을 통해 우주여행의 장을 열면서 서비스 기업화의 선진적 모습을 여실히 드러냈다. SM엔터테인먼트를 비롯해 YG엔터테인먼트, JYP엔터테인먼트와 같은 엔터테인먼트 회사들의 상장을 통한 기업화는 서비스 비즈니스의 기업형 발전을 보여주고 있다. 더욱이 약 10년이라는 짧은 시간에 재벌 기업의 반열에 오른 NHN과 같은 온라인 기업 역시 서비스 비즈니스의 급속한 성장과 진화 곡선을 보여준다.

이런 서비스 기업들에 디자인은 어떤 의미로 존재하는가? 디자인과 서비스가 만나는 지점에서 이 같은 질문은 또 하나의 중요한 이슈가 될 수 있다. 제품과 서비스 사이에 놓인 특정한 프로세스를 개선해 서비스디자인의 영역뿐 아니라 서비스 비즈니스를 경영하는 조직에 디자인이란 어떤 의미의 자원이며, 경쟁력으로 작용하는지 역시 서비스디자인의 한 부분이기 때문이다.

버진그룹은 산업디자이너 출신 조 페리(Joe Ferry)를 중심으로 디자인, 브랜드, 마케팅을 통합하는 팀을 신설해 혁신적인 서비스 개선에 앞장

서고 있다. NHN 역시 디자이너들을 통해 그들의 상품을 혁신하고, 브랜드 파워를 높이기 위한 작업을 이루고 있다. 현대카드는 이제 단순히 카드 회사를 넘어 혁신을 이끌고 디자인 경영의 개척자로 자리 잡았으며, KT는 디자인을 통한 브랜드 아이덴티티 및 서비스 개선을 이끌어나가고 있다. 이처럼 서비스 기업들의 성장과 발전 속에서 디자인은 중요한 경쟁력으로 작용하고 있으며, 다양한 역할을 이루고 있다.

오늘날까지 서비스산업에서 나타나는 이러한 현상을 살펴보면 세 가지 측면에서 그 주요 역할을 정리할 수 있는데, 첫 번째, 무엇보다 서비스 기업의 디자인은 내부 조직 문화 구축에 중요한 역할을 하고 있다. 서비스 기업은 무형 상품의 커뮤니케이션을 위한 서비스 담당 조직원들의 인력구조적 특이성과 중요성을 필요로 한다. 따라서 단순히 성과 향상을 위한 조직 문화 개선이 아니라 기업 서비스 상품가치 향상을 위해 내부 인력의 조직 문화가 전략화되어야 한다. 현대카드의 경우 '현대카드스러움'이라는 프리미엄 브랜드 상품 가치를 유지하기 위해 '더박스(the Box)'라는 기업 간식 브랜드를 별도로 만들 정도로 프리미엄급 조직 문화 내재화를 위해 노력한다. 그리고 그 '현대카드스러움'을 만들어내기 위한 환경, 브랜드, 제품 등 모든 요소에는 디자인력이 중심이 된다.

두 번째, 서비스 기업들의 상품은 대부분 감성과 경험을 움직이는 매우 민감한 비즈니스 제품이다. 웨딩 컨설팅 업체의 경우 아무리 정교하고 훌륭한 시스템으로 서비스를 제공한다고 해도 순간순간 발생하는 감정적 변수에 따라 그 만족도는 균질적으로 평가될 수 없다. 따라서 감성적인 터치(touch)를 만들어내는 그 중심에 디자인력은 아주 중요한 요인이 된다. 고객은 서비스 제품을 자기의 정체성이나 스타일과 연관 지어 이미지와 감성으로 선택한다. 결국 이미지와 감성을 자극하고, 표현해줄 수 있는 것은 서비스가 가지는 이미지, 다시 말해 디자인이 만들어내는 상품의 완성도에 따라 결정된다. 브랜드 파워로 경쟁 구도를 이루던 호텔 산업의 경우 현재 리모델링 열풍을 통해 라이프스타일 호텔로서의 변화를 꾀하고 있으며, 그 중심에 디자인을 앞세우고 있다. W호텔(W Hotel)은 물론 플라자호텔(The Plaza Ho-tel) 등 이제 그들의 디자인을 통해 새로운 라이프스타일을 제공하는 비즈니스 콘셉트 경쟁 구도가 전환되었다. 이제 서비스 기업에서 서비스 제품의 경쟁력 강화를 위해 디자인은 브랜드보다 중요한 경쟁 요인으로 작용한다.

세 번째, 혁신적인 서비스 상품의 개발 또한 디자인의 역할이 될 수 있다. '제너럴닥터(General Doctor)'는 요즘 유행하는 가정식 병원의 개념을 한 단계 넘어 카페와의 접목은 물론 인형과 결합한 청진기 등 어린이 서비스를 위한 새로운 개념의 의료 기구를 창출해 의료 서비스의 새로운 개념을 소개한 바 있다. 20세기의 소비자는 '삼호어묵'을 슈퍼마켓에서 사는 제품 브랜드로 인지했지만, 오늘날의 CJ제일제당은 '삼호어묵'이라는 콘셉트 어묵바를 소개하면서 삼호어묵의 브랜드 가치를 새로운 서비스 비즈니스 모델로 확장했다. 창조경제 시대, 시장은 20세기 모든 제품의 품질 혁신이 아닌 의미 혁신을 요구하고 있으며, 서비스 상품과 비즈니스 역시 이러한 현상에서 자유로울 수 없다. 이런 혁신적인 서비스 상품을 개발해 새로운 비즈니스 모델을 개척하는 데 디자인의 역할은 매우 중요하다.

농업경제와 산업경제, 그리고 지식경제를 넘어 21세기 인류는 창조경제의 패러다임 안에서, 오늘날 기업들은 과거 생산 중심 경영을 넘어 새로운 가치 창출 중심의 경영을 추구하며 아이디어 기반의 서비스와 경험 가치를 통한 비즈니스 모델을 만들기 위해 노력하고 있다. 결국 창조경제 시대 서비스 기업들 역시 서비스 상품의 혁신과 미래 가치 창출을 위해 디자인력을 길러야 한다. 이러한 시점에서 서비스디자인은 프로젝트 수준을 넘어 조직과 기업에 디자인의 새로운 역할과 전략을 제안할 수 있는 또 하나의 영역으로 자리 잡을 수 있을 것이다. 이를 위해 디자이너들이 프로젝트 단위의 서비스디자인을 넘어 서비스 조직과 비즈니스의 혁신을 기획하고 이끌어나갈 수 있는 서비스디자인 전문 컨설턴트로 변신하는 모습을 기대한다.

공학과 디자인은 장기적으로 회사를 살리고
더 나아가 국가를 살리는 힘이다.

제임스 다이슨 James Dyson
다이슨 Dyson 회장

7

산업별
서비스디자인 사례

의료 / 의료서비스 리디자인, 메이요클리닉

메이요클리닉(Mayo Clinic) 혁신센터

메이요클리닉 혁신센터는 환자를 위한 의료서비스를 제공하고, 디자인을 통한 환자
와 의료서비스 환경과의 인터랙션에 대한 개선을 위해 2000년 메이요클리닉의 니
콜라스 라루소가 설립한 작은 연구소였다. 그 뒤 연구 영역을 확장하고 의사와 디자
이너를 채용해 현재는 메이요클리닉 소속 정식 혁신센터로 성장했다.

여기에서는 메이요클리닉 혁신센터가 진행한 몇 가지 프로젝트를 소개하고자 한다. 여러 프로젝트 가운데 피부과 및 소아이비인후과 업무의 리디자인은 외래 환자를 위한 의료서비스 환경 및 프로세스 개선의 결과물이다. 이런 프로젝트를 수행하면서 혁신센터의 디자이너들은 의사와 간호사를 포함한 의료진의 관습적이고 행정적인 업무들을 줄이는 데 초점을 맞추어 가능한 한 효율적으로 일할 수 있도록 했다. 당뇨병 교육 카드 프로젝트와 진찰실 리디자인 프로젝트는 환자들과 더 나은 의사소통을 위한 관심에서 시작되어 도출된 결과물이다.

피부과 업무 리디자인

메이요클리닉 피부과의 의료 시설은 늘어나는 환자들의 수에 비해 충분치 않아 보인다. 더군다나 환자들 가운데에는 메디케어(미국에서 65세 이상의 고령자나 장애인을 대상으로 하는 정부의 의료보험제도) 환자들도 많아서 클리닉의 수입에 별다른 도움이 되지 못하는 상황이다. 같은 시간에 같은 비용으로 더 많은 환자를 진료할 수 있도록 하기 위해 피부과의 클라크 오틀리(Clark Otley) 박사는 혁신센터의 피부과 진료 서비스 프로세스에 대한 개선을 요청했다. 가장 중요한 개선 과제는 의사 업무 부담을 덜어주는 것이었다. 의사나 간호사가 해온 서류 작성 업무나 시간이 걸렸던 프로세스를 실수 없이 할 수 있도록 일정한 양식을 만들고 임상 보조원을 고용해 처리하도록 하는 등 업무를 효율적으로 배분해 의사들이 더 많은 환자를 돌볼 수 있도록 했다. 그 결과 의사와 간호사는 환자를 돌보는 데에만 전념할 수 있었고, 진료할 수 있는 환자의 수는 하루 35명에서 65명으로 증가했다.

소아이비인후과 업무 리디자인

메이요클리닉의 소아이비인후과는 중이염 및 편도선 비대에서부터 호흡기 및 언어 장애 등 아이들과 관련된 복잡한 외과 수술까지 거의 모든 것을 다루고 있었다. 진료 업무의 영역이 확대되면서 의사와 간호사는 그동안 해온 대로 업무를 진행하기에는 많아진 환자와 넓어진 진료 영역을 소화해 내기에 무리가 따랐다.

이에 대해 다나 톰슨(Dana Thompson) 박사는 "솔직히 말해 한 환자에게 진정한 진료 서비스를 제공하기 위해 그 환자의 의료 기록을 검토하고, 진찰하고, 치료 계획을 세우고, 또 다른 환자들을 치료하기 위해 세심하게 준비를 하기에는 우리에게 주어진 시간이 너무나도 부족하다."라고 말한다.

톰슨과 그녀의 진료팀은 이를 개선하기 위해 혁신센터에 소아이비인후과의 진료 프로세스를 분석하고 개선해 달라고 요청했다. 혁신센터는 가장 먼저 구성원들과의 면담을 통해 업무개선에 대

소아이비인후과의 업무를 리디자인하기 위한 의료진과 디자이너의 협업

한 그들의 생각을 듣기를 원했으나 그들은 공개적으로 자신의 의견을 말하는 것을 꺼렸다. 그래서 혁신센터의 서비스디자이너들은 의사, 간호사, 임상보조원 등 각각의 구성원 그룹을 따로 만나면서 그들의 생각을 이끌어내기 위해 노력했다. 그리고 비효율적이거나 무질서한 영역을 정리했고, 프로토타입을 통해 환자들에게 편안하고 안락하게 의료서비스를 제공하는 방법을 제안했다.

당뇨병 교육 카드

내분비학자 빅토르 몬토리(Victor Montori) 박사는 당뇨병 환자를 위한 그동안의 진료 방식을 개선하기 위해 혁신센터를 찾았다.

한때 환자들에게 당뇨병은 사형 선고나 다름없었으나 이제는 얼마든지 치료할 수 있는 병이 되었다. 그러나 완쾌되기 위해서는 여전히 엄격한 다이어트와 식생활 습관의 개선이 필요하다. 많은 환

당뇨병 교육 카드를 실제
환자에게 교육시키는 모습

자들에게 당뇨병을 극복하기 위해 식생활 습관을 고치는 복잡한 규정을 따르는 것은 매우 어려운 일이었다. 몬토리 박사는 오랜 임상 경험으로 이를 환자들에게 효과적으로 알려주는 것이 병의 치유에 무엇보다 중요하다는 것을 알게 되었다.

혁신센터와의 협업으로 몬토리 박사와 그의 스태프들은 당뇨병 환자들이 생활 속에서 해야 하거나 하지 말아야 할 식생활 습관들, 기타 의학적 정보가 정리된 카드를 만들어 나누어주었다. 그 결과 그들은 당뇨병 교육 카드를 이용해서 교육한 환자들이 그렇지 않은 환자들보다 병에 관한 다양한 지식을 훨씬 잘 숙지하고 있었으며 주치의들의 치료 계획에 잘 적용했다.

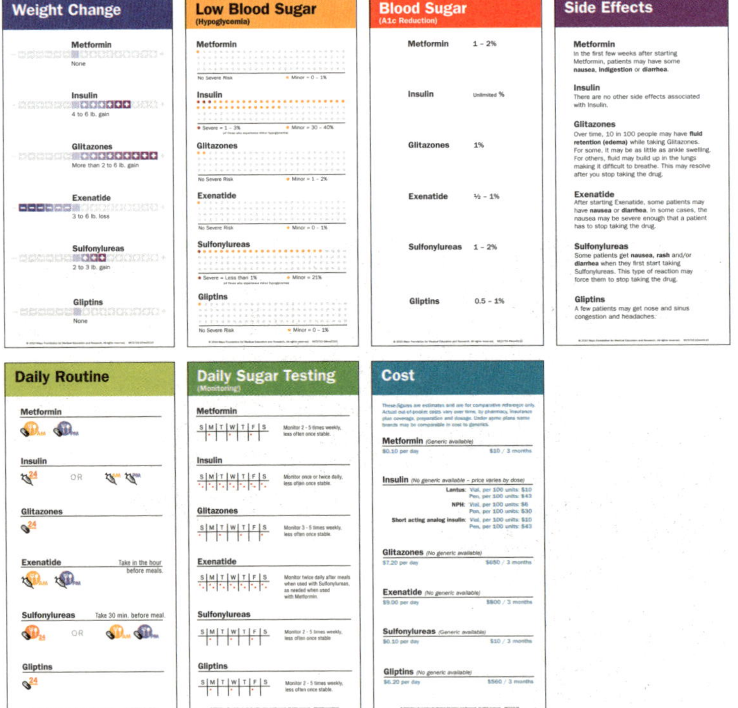

당뇨병 교육 카드

진찰실 리디자인

과거부터 오늘날까지 의학 기술은 매우 급속히 발달해 왔다. 하지만
의사와 환자가 서로 처음 만나는 '진찰실'이라는 의료서비스 환경은
제2차 세계대전 이후 지금까지도 큰 변화가 없어 보인다. 진찰실에
는 여전히 진료를 위한 테이블과 각종 진료 기구들, 그리고 의사 맞
은편에 환자가 앉는 팔걸이 없는 스툴(stool)과 환자와 동행한 보호
자를 위한 의자 등의 정형적인 환경은 여전히 그대로이다.

처음 혁신센터가 수행한 프로젝트 가운데 하나는 의사와 환
자가 만나는 공간들의 사용에 관한 연구였다. 특히 진찰실의 사용
에 관해 광범위한 연구를 수행했고, 그 결과 의학적 시술과 상담은
별도의 공간에서 하는 것이 좋다는 판단을 내리고, 그 공간을 리디
자인했다. 또한 그들은 환자에게 제공하는 진찰 카드에 대해 연구해
새로운 형태의 카드를 디자인했다.
혁신센터가 실시한 임의 시험에서 리디자인된 상담실과 정리가 잘
된 진찰 카드를 사용한 환자가 그렇지 않은 환자보다 자신의 건강
기록과 테스트 결과를 잘 기억한다는 것을 알 수 있었다.

리디자인 전과 후

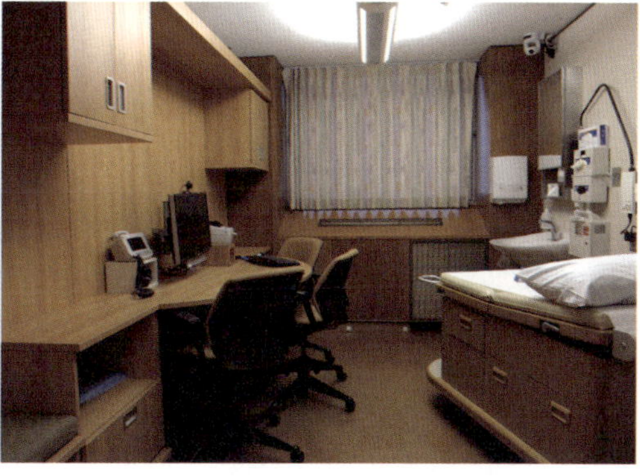

자료 제공: 메이요클리닉 혁신센터

출처: 예일대학교 경영대학 사례 연구 웹
http://nexus.som.yale.edu/design-mayo/

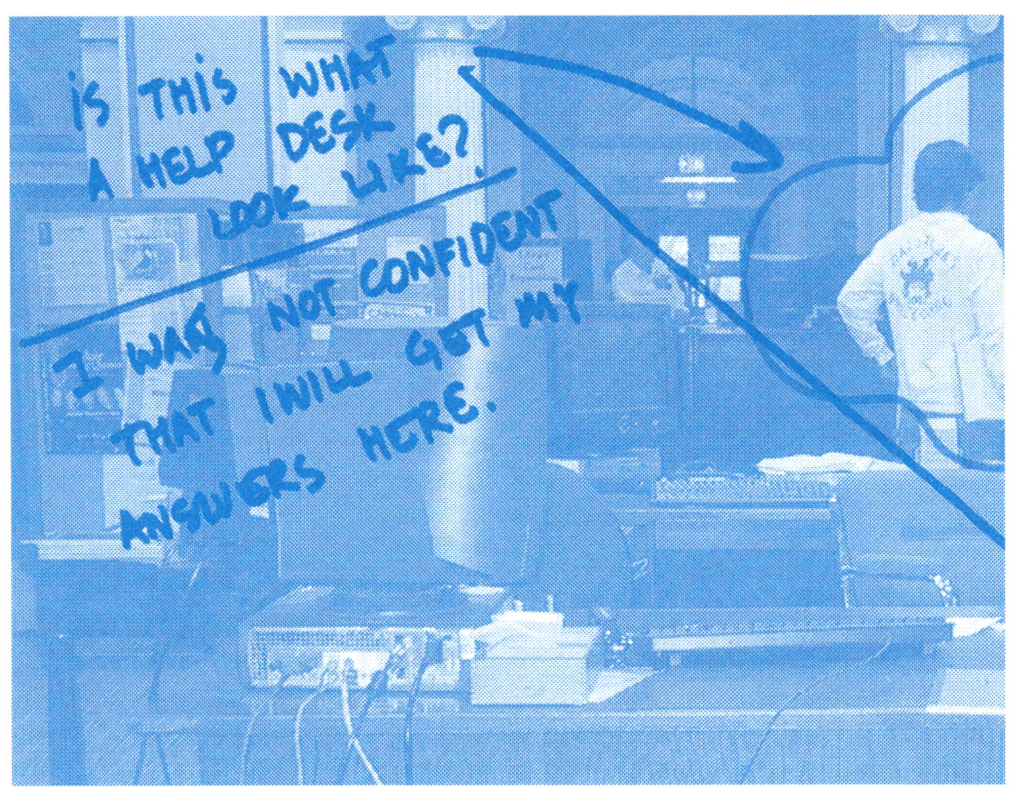

마야디자인(MAYA Design)

미국 피츠버그에 있는 마야디자인은 디자인 컨설팅 회사이자 인간 중심의 기술 연구소이다. 이들은 인간 중심의 기술 개발 및 연구를 기반으로 한 디자인을 통해 사람들에게 새로운 경험을 선사하는 데 강한 열정을 가지고 있다. 주요 클라이언트는 필립스(Philips), 메릴린치(Merrill Lynch), AON, USPS, 보쉬(Bosch), 밥캣(Bobcat), 두산인프라코어, GE 등이다.

미국 피츠버그에 있는 카네기도서관은 기존의 도서관이 오래된 책들과 시설들로 어두침침하고 무거운 느낌을 주는 공간에서 유익한 정보 서비스를 제공하기 위한 밝고 활기찬 공간으로 탈바꿈해 이용자들에게 유쾌한 서비스 경험을 전달하기 위한 프로젝트를 진행했다.

이 프로젝트를 진행하기 위해 도서관에서 근무하는 사람들로 구성된 도서관 그룹, 공간을 리노베이션하기 위한 건축가와 공간디자이너로 구성된 공간 그룹, 그리고 각종 시각, 제품, 인간 요소의 문제를 디자인으로 해결하기 위한 디자이너로 구성된 디자인 그룹으로 참여 그룹을 나누었다.

프로젝트의 첫 번째 단계로서 이들은 도서관에서 발생할 수 있는 각종 사용 행위와 동작, 장애 등 인간 중심의 연구를 수행했다. 또한 도서관 안에서 혼재된 여러 정보를 정의하고 체계화했으며, 전체적인 디자인 방향을 제시했다. 두 번째 단계에서는 실질적으로 고객과 도서관 사이에서 일어나는 각종 인터랙션을 가상해보고, 이를 공간·제품·시각디자인 등 각종 디자인으로 구현했다. 이들은 단계별 프로젝트의 프로세스를 조사, 분석, 디자인의 단계로 나누어 진행

미국 피츠버그에 있는
카네기도서관

했다. 조사 단계에서 주요 이해관계자들과 여러 차례 토론과 세미나, 인터뷰를 진행했으며, 도서관 직원과 고객에 대한 관찰 조사를 실시했다. 분석 단계에서는 도서관에 존재하는 수많은 정보 구조를 정의하고, 페르소나(persona)를 설정해 그들이 겪게 될 가상 상황으로 스토리를 구성해 분석했다. 마지막 디자인 단계에서는 디자이너, 엔지니어, 인간공학자로 구성된 다학제적인 팀이 모여 빠르게 다양한 콘셉트의 디자인을 생성했다. 이는 언제 발생할지 모르는 부정적인 사용자 경험을 제거하고, 긍정적인 경험은 유지하며 즐거운 경험을 탄생시키기 위해서였다.

조사

고객의 욕구에 관한 정보를 수집하기 위해 가능한 한 많은 기술이 동원되었다. 이는 도서관이라는 공간에 많은 정보가 있고 많은 행동을 유발한다는 특성을 고려해 인간 중심적이고 사용자 참여적으로 이용되었다. 사용자에 대한 정보는 항상 고객과의 인터뷰 등 직접적인 조사를 통해서만 도출되는 것이 아니다. 무의식중에도 중요하고 반드시 필요한 욕구를 발견할 수 있기 때문에 사용자가 모르게 그들을 관찰하고 스토리보드를 작성하는 등의 간접적인 조사 역시 실시했다.

분석

이 단계에서는 도서관이 가지고 있는 광범위하고 다양한 각종 정보를 체계적으로 구조화한 콘셉트 지도를 만들어내는 것이 주된 목표이며, 이를 위해서는 시스템의 기본적 요소는 무엇이고, 기본적인 요

FREE TO THE PEOPLE
THE BOOKDROP IS HIDDEN / NOT PROMINENT AT ALL
THIS IS PRETTY MUCH THE STATE OF THE
LIBRARY, EVERYTHING WAS A MYSTERY
AT FIRST AND IT BEGINS TO MAKE SENSE AFTER ABOUT 1 H

WHERE IS
CATALOG?
MUST BE
BROWSER BASED.
Time limit
30 minutes
* INSTRUCTIONS TO USE
THE CATALOG + NEXT
STEP.
I THINK IT IS IMPORTANT,
THAT WE POINT THE USER TO
THE NEXT STEP AT
EVERY STEP (even at the
risk of being redundant)

소와 다른 요소가 어떻게 서로 간에 작용하는지, 또한 어떻게 사람
들이 이러한 요소들과 작용하는지 밝혀내야 한다.

콘셉트 지도를 만드는 목적은 서로 다른 원칙과 목적을 가진 정보
요소가 서로 간에 원활하게 소통되어 상호작용할 수 있도록 효과적
인 커뮤니케이션 툴을 창조하는 것이다. 잘 디자인된 콘셉트 지도
는 사용자가 각각의 서로 다른 정보 그룹의 서로 다른 언어를 배우
는 것보다 공통의 디자인 언어를 발견해 디자인으로 구조화함으로
써 이해관계자들이 좀 더 편하고 효율적으로 도서관의 시설과 자료
를 이용하는 데 중요한 역할을 한다. 도서관의 경험을 구성하는 네
가지 기본 요소는 아래와 같다.

- 사용자(users): 도서관을 이용하는 사람들
- 구성물(organizers): 도서관의 물리적 공간, 분류 체계와 도서관 직원 등
  물질을 구성하는 사물 및 시스템
- 물질과 활동(materials & activities): 사용자가 원하는 것
- 사용과 참여(use & participation): 물질과 활동에 대한 사용자의 인터랙션

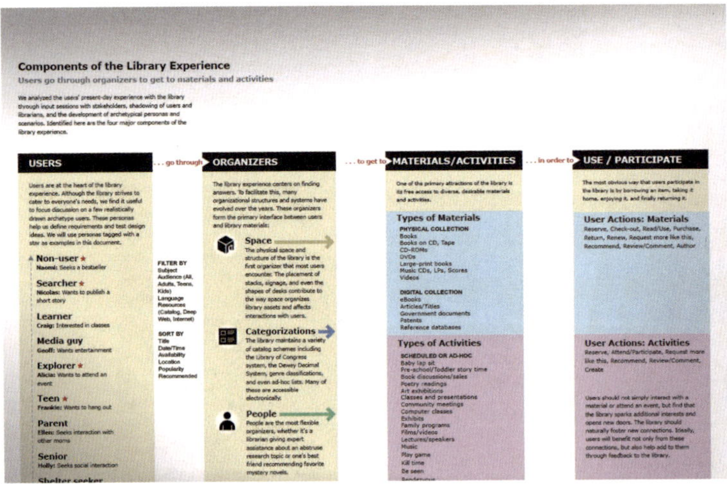

도서관 경험의 주요 요소

페르소나, 시나리오 그리고 브레이크포인트

시스템의 기본 요소를 분석하는 것뿐 아니라 이러한 요소와 고객 간의 인터랙션 역시 분석의 대상이다. 도서관에서 사용자의 긍정적이거나 부정적인 경험을 이해하기 위해 페르소나를 설정한다. 그리고 성별, 나이, 직업이나 관심 분야, 취미, 지역, 라이프스타일 등을 각기 다르게 설정해 도서관에서 겪는 경험을 분류하고 사용자가 겪는 행위를 조사한다.

전형적인 도서관 이용
시나리오를 통한 등장인물
행동 분석

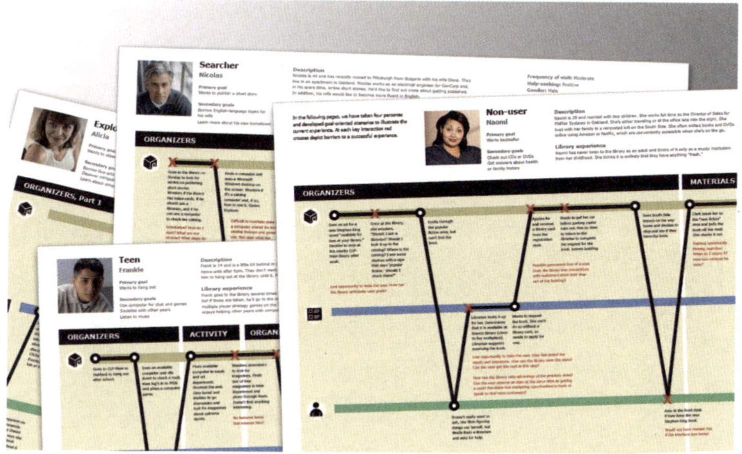

고객 경험

조사 단계에서는 고객이 경험할 각종 상황을 조사해볼 필요가 있다. 특히 경험은 감정적인 영향과 밀접한 관련이 있으므로 이를 토대로 다섯 가지로 구분했다.

187

불확실과 혼란(uncertainty, confusion)

사용자는 도서관을 돌아다니면서 어려움을 느끼곤 한다. 이는 그들이 도서관을 이용할 때 지도나 사인을 보지 않기 때문이거나 지도나 사인의 디자인이 보는 사람에게 혼란을 일으키기 때문이기도 하다. 이는 물리적 공간만이 아닌 온라인 환경에도 해당한다. 잘못된 웹디자인은 정보 탐색을 어렵게 해 사용자들의 시간과 비용을 낭비하는 결과를 낳는다.

두려움(fear)

사용자는 도서관을 이용하면서 어디로 가야 할지, 다음에는 무엇을 해야 할지, 컴퓨터를 어떻게 사용해야 할지, 누구에게 무엇을 말해야 할지 모르는 상황에서 두려움을 느낀다.

걱정(anxiety)

사용자는 그들이 대여한 책을 언제 반납해야 할지, 또는 반납을 연체했을 때 얼마의 연체료를 물어야 할지 모를 때 걱정을 하게 된다. 또한 도서관 종료 시각 20분 전에 울리는 커다란 알람 소리나 도서관 직원들이 뭔가를 재촉할 때 이용객들은 쫓기는 두려움에 당황하게 된다.

불쾌(annoyance)

사용자는 도서를 대출할 때 번번이 신분증 제출을 요구받거나 연체료를 낼 때, 또한 도서관을 이용하기 위해 적당한 주차장을 찾는 과정에서부터 시간이 제한된 주차 시설 때문에 번거로움과 불쾌함을 느낀다.

기쁨(delight)

사용자는 원하는 자료를 찾았을 때, 도서관 사서로부터 전문적인 도움을 받았을 때, 그리고 도서관의 시스템을 원활하게 잘 이용하게 되었을 때 기쁨을 얻는다. 또한 인터넷이나 전화로 대여한 도서의 반납 기한을 연장할 수 있었을 때에도 기쁨을 느낀다.

디자인

디자인 작업에서는 먼저 사용자에 관한 면밀한 조사를 기본으로 도서관 서비스를 이용할 때 사용자가 얻는 긍정적이고 부정적인 경험을 포함해 최종적인 그들의 목적을 완벽히 이해해야 한다. 나쁜 이미지나 불편했던 경험 등 부정적인 요소를 제거하거나 최소화해 그들에게 최고의 기쁨과 만족을 주어야 한다.

그전에 디자인, 인간공학, 산업공학 등의 전문가로 이루어진 팀을 통해 브레인스토밍을 하거나 실제 사용자가 도서관에서 겪게 될 각종 경험을 고민하고 이를 시뮬레이션화한다. 이를 위해 '신속한 프로토타이핑(rapid prototyping)'을 통해 수집된 아이디어를 구체화해보고, 사용자가 부정적인 경험으로 서비스를 자연스럽고 긍정적으로 이용하는 흐름이 끊기게 되는 브레이크포인트(breakpoint)를 최소화해 원활하고 긍정적인 흐름을 만드는 방법을 찾아야 한다.

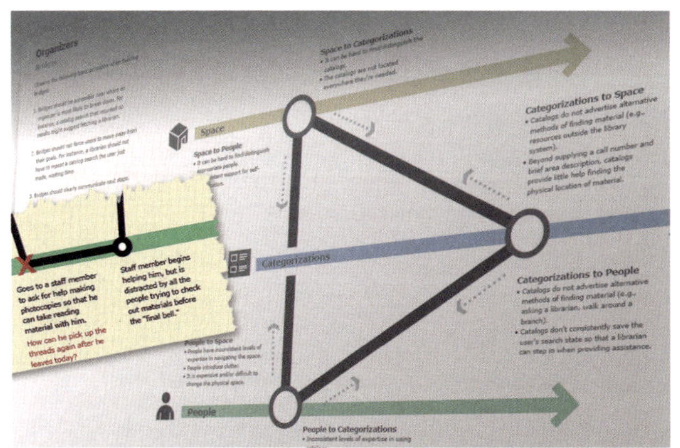

브레이크포인트 연결하기

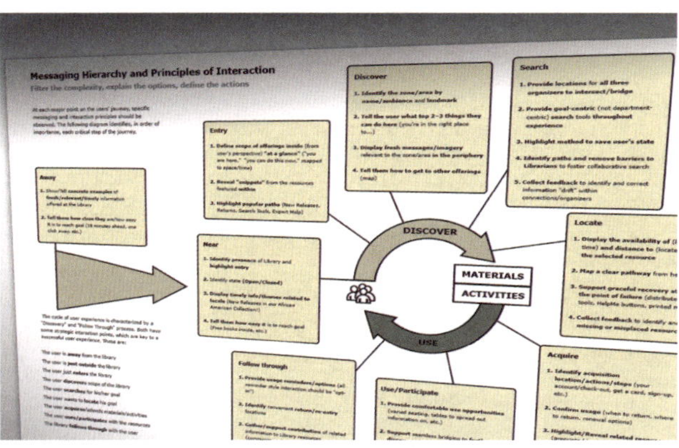

선택할 수 있는 것을
신속하게 찾을 수 있도록
프로토타입 만들기

적절한 메시지를 적절한 때와
적절한 곳에 사용하기

웹디자인 역시 공간디자인과
일관된 서비스 콘셉트를
유지하도록 새롭게 디자인해
사용자의 혼란을 최소화하고,
이용 도중 불쾌함을 느끼고
걱정을 하게 하는 요소를 제거해
유쾌하고 즐거운 서비스 경험이
될 수 있도록 했다.
http://www.clpgh.org/

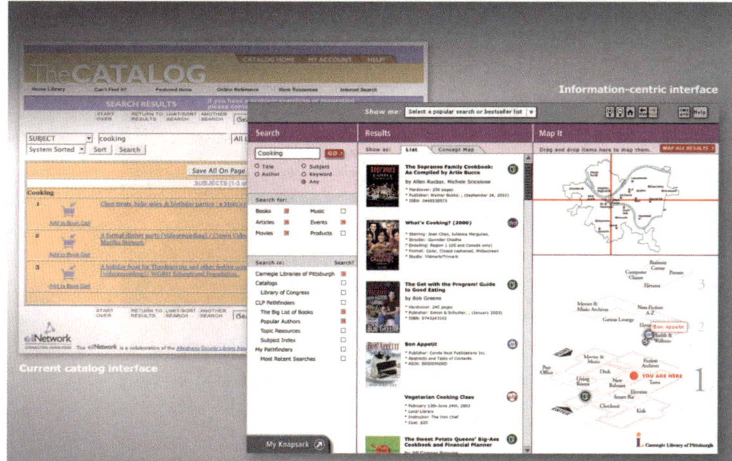

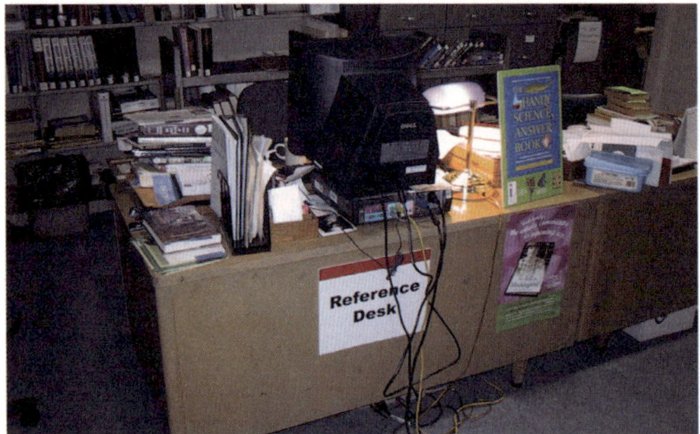

리노베이션 전
시각 정보 자료가 어지럽게 놓여
있고, 시설과 시스템은 도움을
얻기 위해 다가가기에는 왠지
불쾌하고 비전문적으로 보인다.

리노베이션 후

사용자의 동선, 행위, 경험을
고려한 전체적인 공간 계획을
통해 도서관에서 제공하는
서비스를 효과적으로 전달할
수 있도록 했다. 서비스 공간은
사용자가 각자의 목적을 최대한
유쾌하게 경험할 수 있도록
탈바꿈했다.

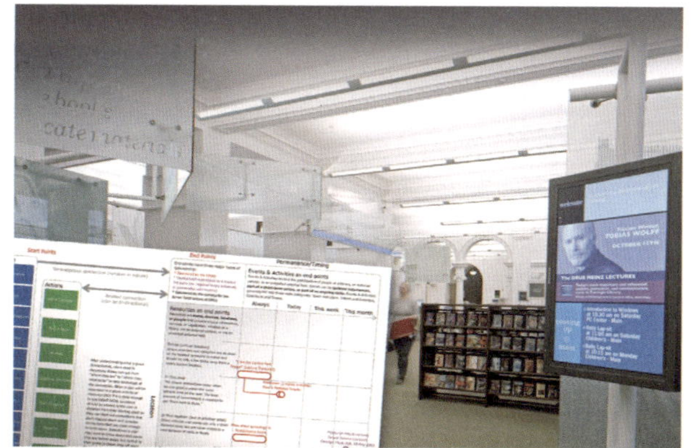

자료 제공: 마야디자인

호텔 / 서비스브랜딩을 통한 리포지셔닝, 하얏트플레이스

리핀컷(Lippincott)

70여 년 동안 3M, 델타항공(Delta Air Lines), 삼성, 스타벅스커피컴퍼니(Starbucks Coffee Company)와 같은 세계적인 브랜드를 탄생시킨 선도적인 브랜드 전략 및 디자인 회사이다. 이 회사의 가장 큰 특징은 오늘날 기업들이 당면한 가장 복잡한 문제를 해결하기 위해 전략적 사고뿐 아니라 창조적 능력을 적절히 활용한다는 점이다. 이런 전문성은 브랜드 전략 수립, 아이덴티티디자인, 고객 경험 창출 등 브랜드의 모든 분야로 확대된다.

하얏트그룹(Hyatt Group)은 2004년 아메리스위트(AmeriSuites) 인수를 통해 하얏트만의 독특한 브랜드 스토리와 가치를 부여해 빠르게 성장하고 있는 중저가 호텔 시장에 진출하는 기회로 삼고자 했다.

하얏트호텔은 오랜 기간의 역사와 노하우를 통해 축적한 서비스 정신과 고급스러운 공간디자인으로 호텔업계에서 최고 수준의 브랜드로 인정받고 있는 반면 아메리스위트는 투자 부족으로 저가형 호텔로 근근이 사업을 유지하고 있었다. 중저가 호텔 가운데 경쟁력 있는 호텔들은 프리미엄 객실 요율을 적용하는 상황에서 아메리스위트의 객실 요금은 업계에서 평균 이하로 계속해서 뒤처지고 있었다. 이에 아메리스위트 브랜드에 대한 개선의 필요성은 분명했으며, 관건은 어떻게 경쟁사와 차별화하고 고객의 경험을 향상시키기 위해 어느 곳에 투자를 집중할 것인지 결정하는 것이었다.

이러한 배경에서 아메리스위트의 새로운 브랜드 네임 개발을 포함해 아메리스위트가 보유한 호텔 142곳에 대한 전면적인 리브랜딩 프로젝트가 시작되었다. 브랜드 리포지셔닝 작업에서는 업무상 출장이 잦은 'X세대 로드워리어(Gen-X Road Warriors)'를 주요 대상 고객군으로 설정하고, 전보다 높은 요율에 투숙률을 향상시킬 수 있는 새로운 공간을 구축하기로 했다. 이뿐 아니라 철저한 자본 투자 계획에 따라 일정한 투자 수익률도 확보되어야 했다. 어려운 시도였지만 이런 획기적인 리포지셔닝은 하얏트그룹에는 수익을, 여정에 지쳐 피곤한 고객들에게는 신선한 휴식의 장소를 제공할 수 있는 좋은 기회가 되리라 판단했다.

하얏트그룹은 글로벌 브랜드 컨설팅 회사인 리핀컷(Lippin-cott)에 아메리스위트의 리브랜딩을 맡기며 타깃 고객들에게 감성적으로 소구하고 차별화된 중저가 호텔 브랜드 경험을 창출해 달라는 요청을 했다. 다시 말해 이 프로젝트의 궁극적인 목적은 하얏트그룹만의 디자인과 서비스 속성을 경험할 수 있게 하되, 이를 중저가 호텔 서비스로 재해석하고 완전히 새로운 브랜드를 만들어내는 것이었다.

리핀컷은 '집보다 더 집 같은' 호텔을 만들겠다는 콘셉트로 하나하나 창조해나가기 시작했다. '집 이상의(larger than home)'라는 브랜드 포지셔닝을 기반으로 '익숙한 안락함(attuned comfort)' '차별화된 서비스 품질(distinguishable quality)' '목적의식이 있는 서비스(purposeful service)'의 구현을 목적으로 작업에 착수했다. 이는 곧 잦은 여행과 출장을 다니는 안목 있는 고객들에게 집과 같은 편안함을 제공하고자 하는 것이었다.

리핀컷은 이러한 아이디어를 바탕으로 '하얏트플레이스(Hyatt Place)'라는 호텔의 브랜드 네임과 시각적 아이덴티티를 개발했다. 새롭게 개발된 브랜드 네임과 시각적 아이덴티티의 시스템에는, '이곳은 언제나 고객이 집처럼 편하게 머무를 수 있는 공간' '언제나 환영받는 장소' '항상 고객의 입장에서 배려하는 곳' '언제

나 고객에게 익숙한 장소' '언제든 집처럼 다시 찾는 장소'를 표현하고자 했다. 이러한 콘셉트는 '하얏트플레이스'라는 이름에서도 내포하고 있다.

이를 시각적으로 분명히 표현하기 위해 로고는 장소나 지역을 의미하는 기하학적인 원 여러 개가 모여 장소와 지역을 나타내도록 했다. 여러 색상으로 표현된 동그란 점들은 Hyatt의 첫 글자인 H를 나타내며 하얏트그룹의 패밀리임을 표현한다. 이 로고는 다른 브랜드의 로고와 비교하면 친근하고 직접적이며 현대적이고 독특하다.

앞서 언급한 포지셔닝과 브랜드 네임, 시각적 아이덴티티를 구축한 뒤에 해야 할 일은 다양한 터치포인트상에서 이상적인 고객 경험을 창조해내는 것이다. 이를 위해 리핀컷의 컨설턴트와 햐얏트그룹의 관계자가 팀을 이루어 고객 리서치를 수행했고, 이를 통해 고객들의 숨겨진 욕구를 파악해 인사이트와 아이디어를 하나하나 끄집어내기 시작했으며, 특히 투숙객에게 가장 중요한 부분이 무엇인지 파악했다.

객실 안에서는 인터넷 접속 여부, 침대와 이불의 청결, 수건과 세면용품 비치, 다양한 케이블TV 채널 등이 고객의 서비스 경험에 영향을 미치는 중요한 요인으로 파악되었다. 공용 공간에서는 신선하고 따뜻한 아침, 24시간 운영되는 비즈니스 센터, 조용한 공간이 꼽혔다. 고객들은 본질적으로 호텔이 비록 잠시 머물다 가는 곳이라 할지라도 집에서처럼 일하고 편안하게 쉴 수 있는 장소를 원하고 있음을 알 수 있었다.

이러한 통찰을 바탕으로 하얏트플레이스에 대한 올바른 감성을 지속적으로 전달하기 위한 하얏트플레이스 고유의 브랜드 단서(brand cue)를 만들어갔고, 다양한 터치포인트에 '집 이상의'라는 메시지를 담아 고객의 서비스 경험을 형성했다.

그 한 예가 잡기 쉽고 독특한 촉감을 전달하는 종이 커피컵이다. 테이크아웃용으로 만들어진 이 컵은 고객이 종이컵을 손에 잡았을 때의 독특한 촉감을 하얏트플레이스의 고유 경험의 일부로 구체화했을 뿐 아니라, 커피컵을 들고 거리로 나가는 고객들이 하얏트플레이스 브랜드의 이동 광고 모델 역할을 하는 이중 효과를 냈다.

하얏트플레이스
종이 커피컵

그뿐 아니라 객실 안의 책상에 자석 메모판을 두어 고객들이 자신들의 개인적인 사항을 집 서재에서 하듯 일목요연하게 정리할 수 있도록 했다. 또한 비즈니스 여행객들이 집을 떠나 있는 동안 여행 경비 등을 쉽게 정리할 수 있도록 봉투를 제공했다. 또한 객실 책상에는 명함꽂이를 두었는데 이는 '홈 오피스'를 테마로 하는 하얏트플레이스만의 고유한 서비스 브랜딩의 일환으로, 고객들이 호텔 관련 전화번호를 쉽게 찾아볼 수 있도록 하면서 연락처가 바뀔 때마다 호텔 직원들이 손쉽게 낮은 비용으로 정보를 업데이트 할 수 있는 좋은 방안이었다.

'홈 오피스' 서비스 브랜딩의 화룡점정은 호텔 정보 책자이다. 사무실에서 사용하는 형태로 디자인된 폴더에 호텔에서 제공하는 모든 서비스에 대한 정보를 낱장으로 구성해 담았으며 투숙객이 필요할 때 이를 사용할 수 있도록 했다.

**하얏트플레이스
호텔 정보 책자**

신속한 체크인과 체크아웃을 선호하는 X세대 로드워리어를 위해서 호텔 내부에 '셀프 체크인&아웃 키오스크(self check in & out kiosk)'를 두었다. 여전히 열쇠를 사용하는 대다수의 미국 중저가 호텔과는 달리 과감하게 하얏트플레이스 로고가 적용된 카드키로 이런 키오스크를 통해 빠르고 정확하게 체크인과 체크아웃 프로세스를 구성할 수 있었다. 공용 공간에는 감각적인 터치포인트를 하얏트플레이스만의 분위기로 곳곳에 스며들게 하고 경쟁 호텔들과 차별화된 브랜드 경험을 전달하기 위해 오감 브랜딩을 활용했다. 다시 말해 식음료 공간을 하얏트플레이스의 고객경험을 상기시킬 수 있는 메뉴판 디자인이나 커뮤니케이션 스타일로 시각적인 브랜딩을 구현했다면, 투숙객이 도착하는 공간에서는 200여 곡으로 엄선된 지정곡만을 재생했다. 이를 통해 하얏트플레이스의 도착 경험과 연계된 청각 브랜딩과 함께 하얏트플레이스에서만 맡을 수 있는 고유한 두 가지 향의 방향제를 사용해 후각 브랜딩까지 구축했다.

하얏트플레이스
룸키

고객들의 서비스 경험 전체를 브랜딩한 뒤, 그 반응은 거의 즉각적으로 나타났다. 2008년도를 기준으로 하얏트플레이스의 매출액은 아메리스위트 대비 35% 증가했고, 같은 해 실행된 JD파워(JD Power and Associates, 미국의 고객만족도 조사 기관)의 고객만족도 조사 결과 해당 카테고리에서 최고의 브랜드로 선정되었다. 이런 성공은 하얏트그룹의 전체적인 브랜드 포트폴리오를 확장하는 데에도 긍정적인 반응을 이끌어냈다. 고객에게는 집 이상의 공간을, 하얏트브랜드에는 성공적인 하얏트 브랜드를 제공하게 된 것이다.

자료 제공: 리핀컷

도이체방크(Deutsche Bank)

도이체방크는 1870년에 설립된 독일의 은행으로 본사는 프랑크푸르트에 있다. 주요 사업은 일반 금융업, 자본 시장 서비스, 펀드 관리, 저당업, 리스업, 생명 보험, 비생명 보험 서비스 등이다. 2009년 총자산은 1조 5,010억 유로, 매출액은 279억 500만 유로, 순이익은 49억 7,300만 유로이며 직원 수는 8만 2,504명이다.

2005년 9월 도이체방크는 독일 베를린에 '미래의 도이체 방크 Q110'이라는 지점을 냈다. 이곳은 기존 은행 상품을 새롭게 디자인해서 진열하고 기존 고객 상담 능력을 확충하는 등 혁신적 디자인 접근을 통한 개인과 기업 고객 대상의 투자금융센터이다.

'Q110'이라는 이름은 이 지점의 주소인 독일 베를린의 '크바르테르(Quarter) 110'에서 유래했다. 이 지점의 디자인은 은행의 혁신적인 디자인 콘셉트와 최신 트렌드숍의 아이디어를 모두 고려해 디자인함으로써 전 세계의 은행 산업에서 도이체방크가 지닌 리더로서의 이미지를 확고히 보여준다.

이 공간은 크게 갤러리, 트렌드숍, 라운지, 어린이 전용 공간, 업무 공간, 자동화 코너, 라운지, 바 등으로 구성된다. 입구에 들어서면 바로 오른편에 갤러리가 왼편으로는 자동화 코너와 트렌드숍이 자리하고 있다. 트렌드숍에는 일반 상품과 시즌 상품, Q110의 자체 머천다이징 상품 등을 판매하고 있다. 트렌드숍과 갤러리 사이를 지나 안쪽으로 들어가면 은행 업무를 볼 수 있는 공간이 등장한다. 이곳은 기존의 은행을 연상시키는 공간이 아닌 호텔의 라운지나 카페의 바를 연상시키는 공간으로 디자인되어 있다. 여기에서는 스낵이나 간단한 음식을 제공하기도 한다.

Q110은 고객을 위해 다양한 은행 경험을 유형적으로 창조하는 것을 시도하고 있다. 이 점이 의미하는 것은 어렵게 느껴지는 은행 상품을 복잡하지 않고 더욱 헌신적으로 고객 서비스를 제공하려는 도이체방크의 의지를 디자인으로 표현한다는 것이다. 미래의 도이체방크는 개인과 기업 고객과 더불어 지속해서 발전하는 오늘날 은행 산업의 출발점이다. 이곳에서 초기 시험 단계를 거친 성공적인 디자인 개발 콘셉트 및 모델은 앞으로 도이체방크 전 지점에 확대 적용할 계획이다.

도이체방크는 이러한 새로운 시도와 함께 희망찬 목표를 추구한다. Q110은 1년 이내에 기존의 같은 크기의 투자금융센터와 비교했을 때 50% 이상 더 많은 신규 고객을 유치하고, 고객 상담 시간은 2배 이상으로 끌어 올리는 것을 목표로 하고 있다. 동시에 다른 은행의 투자금융센터가 실시한 조사의 결과보다 고객 만족도와 충성도를 25% 이상 향상시키는 것을 목표로 한다.

Q110은 단순한 시설 투자를 넘어 중요한 의미를 지닌다. Q110의 성공적인 론칭에 힘입어 도이체방크는 전 투자금융센터를 현대화하기 위해 투자를 해나갔다. 2007년 한 해 동안 100개의 지점이 리모델링되었고, 2008년에는 80개 지점이 뒤따랐다. 또한 앞으로 750명의 새로운 상담사와 600명의 신입사원을 채용해 업무를 지원할 예정이다.

Q110은 미래의 은행이 어떤 모습이어야 하는지에 관한 모든 아이디어와 연구가 모인 결과물이다. 콘셉트를 참고하기 위해서는 다른 산업을 벤치마킹했다. 금융 상품의 새로운 시도는 다른 서비스업이나 소매업에서 성공적이었던 콘셉트였다. 이것의 목표는 복잡함을 줄이고 상품과 서비스를 간소화해 고객에게 쉽게 직접적으로 전달하게 하는 것이었다.

새로운 투자금융센터에는 스낵이나 간단한 음식을 제공하는 라운지가 있고, 트렌드 숍에서는 스타일 베르크 디자인 제품이나 무지 제품이, 그리고 크리스마스나 월드컵 같은 특별한 시즌에는 그에 맞는 특별 상품들이 또 자체 머천다이징 상품들이 진열되며 판매하는 공간을 마련하고 있다. Q110은 총 30명으로 구성된 팀으로 운영된다. 이 가운데 18명은 은행 상담 업무를 지원하고, 12명은 라운지, 트렌드숍, 이벤트를 위해 일한다.

상품 진열대

금융 상품이 눈에 보이지 않는
것에 착안해 금융 상품을 위한
패키지를 개발했다. 이를 마치
제품인양 선반에 진열해 놓고
있다. 이는 서비스의 무형성을
극복하고 고객들에게 보다 쉽게
전달하기 위함이다.

자동화 코너

다양한 은행 업무를 고객 스스로
신속히 처리할 수 있도록 정문
바로 왼쪽에 자동화 코너가 있다.
이곳에는 디자인된 Q110의 공간
단면도와 간단한 안내가 있으며,
다양한 금융 상품에 대한 정보가
진열되어 있다.

라운지
원목 바닥과 카펫, 현대적인
원색의 고급 가구 등으로
딱딱하고 건조한 일반 은행의
분위기와는 다른 세련된 느낌을
준다. 한쪽 벽을 커다랗게
장식하고 있는 도이체방크의
커다란 CI와 공간 중간중간에
놓인 금융 상품에 대한 안내장은
고객에게 이곳이 어디인지
강조한다.

자료 제공: 도이체방크

현대카드

현대카드는 현대카드M을 비롯한 다양한 성격의 카드를 통한 마케팅 전략으로 괄목
할 만한 성과를 내놓은 결과 금융업계의 벤치마킹 대상으로 부상했다. 슈퍼콘서트,
슈퍼매치, 레드카펫에 이어 새롭게 시작한 슈퍼토크는 세계적 지성과 청중이 대화하
는 새로운 경험을 제공하며 자타가 공인하는 서비스디자인 기업으로 인정받고 있다.

현대카드는 해외로 떠나는 고객을 위해 인천국제공항 내에 새로운 공항 라운지인 '현대카드 에어라운지(Air Lounge)'를 열었다. 휴식이 주목적인 일반 공항 라운지와 달리, 현대카드 에어라운지는 고객의 여행 목적에 따라 다양한 서비스를 제공하는 새로운 개념의 라운지이다. 이는 공항에서 대기하는 자사의 고객에게 무료한 시간을 달래기 위한 즐거움을 주면서 여행 전에 미처 챙기지 못한 물품을 제공할 수 있는 편의의 장소로 활용된다.

이 공간을 전체적으로 바라보면 하나의 라운지처럼 보인다. 하지만 자신이 필요한 서비스를 빠른 시간 내에 편리하게 사용할 수 있도록 각 서비스 섹션을 독립적으로 구성한 것이 특징이다.

리셉션 데스크
여행 준비에 필요한 기본적인 정보를 제공하고, 라운지와 공항 이용에 대한 문의에 대응한다. 그뿐 아니라 휴대전화 충전기나 멀티 어댑터 등을 준비하지 못한 고객을 위한 무료 대여 서비스도 제공하며, 겨울철 날씨가 따뜻한 지역으로 떠나는 고객을 위한 겨울 코트 보관 서비스와 기내 반입이 금지된 물품을 한시적으로 보관해주는 서비스도 시행한다.

각종 도서 및 여행안내서 열람
현대카드의 글로벌 제휴
브랜드인 모노클(Monocle)과
마사스튜어트리빙(Martha
Stewart Living), 자갓(Zagat),
타셴(Taschen) 등 국내에서
접하기 힘든 서적과 해외 주요
국가 및 도시에 대한 여행안내서,
매일 발행되는 국내외 주요 신문
등이 비치되어 있다.

**상품 무료 대여 및 현대카드
M포인트를 이용한 상품 교환**
국내 최초로 에어라운지 이용
회원만을 위해 신용카드
포인트를 이용해 다양한 상품과
교환할 수 있는 자판기가
설치되어 있다. 현대카드
M포인트 보유 고객은 이
자판기를 통해 여행 용품에서
선물까지 여행에 필요한 제품을
M포인트와 교환할 수 있다.

비즈니스 섹션

에어라운지 내 비즈니스
섹션에서는 인터넷 접속과
문서 출력 및 복사, 팩스 송수신
등을 자유롭게 이용할 수 있다.
이곳에서 여행 전 긴급하게
처리해야 할 일이나 여행지
정보를 검색할 수 있다.

미디어라운지

미디어아티스트 히라키
사와(Hiraki Sawa)의 작품을
감상하며 편안하게 휴식을
취할 수 있는 공간이다.

메인라운지
여행 동반자와 이야기를
나누거나 1인용 안락의자에서
자유롭게 휴식을 즐길 수 있는
공간이다.

이 공간의 디자인 콘셉트 역시 눈길을 끈다. 에어라운지는 현대적인 감성을 유지하면서도 공간을 더욱 개방하는 데 주력하고, 선과 선의 경계가 바닥과 벽, 천정으로 이어지는 단순하면서도 정교한 패턴, 흑백의 강렬한 대비 등으로 간결함과 세련미를 극대화했다. 또한 공간별로 각각의 특성에 어울리는 인테리어 아이템을 배치했다.

공간디자인 역시 기존의 라운지와 차별화를 꾀했다. 에어라운지는 폐쇄적이고 단절된 구조 대신, 자신이 필요한 서비스를 순차적으로 이용할 수 있는 다이내믹한 순환형(loop) 구조로 구성되어 있어 서비스를 순차적으로 이동하며 이용할 수 있도록 했다. 이는 휴식과 대기를 위해 정적으로만 공간을 구성한 기존 라운지와 차별화되는 현대카드 에어라운지만의 특징이다.

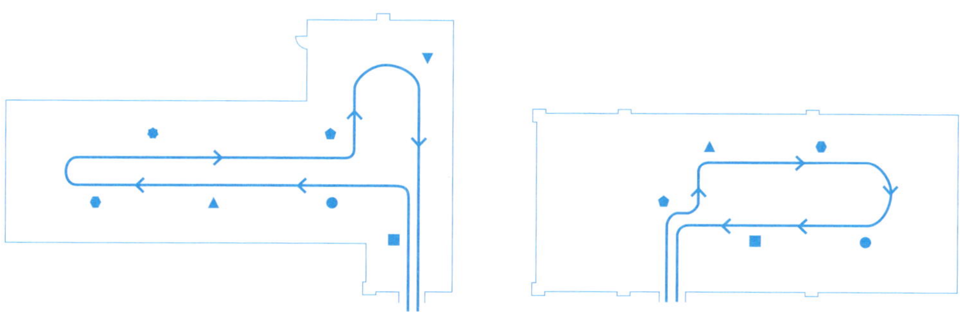

이곳은 여행 전 단순히 휴식을 취하는 공간이 아니라 여행의 새로운 출발지로서 현대카드 고객에게 최고의 여행을 시작하는 공간을 제공하기 위해 탄생했다. 고객들은 세계의 다른 에어라운지에서 경험할 수 없고 특별하며 섬세한 서비스공간디자인을 통해 현대카드에 또 다른 놀라움을 기대하게 될 것이다.

자료 제공: 현대카드

엔진(Engine)

2000년 영국에서 설립된 세계적인 서비스디자인 전문 컨설팅 회사 가운데 하나이
다. 일반 기업과 공공 단체를 대상으로 다양한 분야의 서비스디자인과 혁신에 관련
된 컨설팅을 수행하고 있다. 영국 런던의 사무실에는 디자이너, 전략가, 공학자, 사
회학자 등 배경이 다양한 30여 명의 직원이 일하고 있다.

애프터서비스는 소비자들이 프리미엄 자동차를 구매할 때 매우 중요하게 고려하는 요소 가운데 하나이다. 이는 세계적인 명차 브랜드인 메르세데스벤츠(Mercedes-Benz)에도 예외는 아니었고, 보다 강화해야 할 주요한 경쟁력 가운데 하나로 여겨졌다.

이 경쟁력을 위협하고 매우 약화시키는 요소들이 최근 지난 몇 년 동안 메르세데스벤츠 영국 법인에 등장하기 시작했다. 메르세데스벤츠 영국 법인에서 지정하는 서비스센터보다 저렴한 가격에 자동차를 수리해주는 자영업자들이 늘어났고, 공식 지정 전시장에서 공식 딜러에게 차를 구매하는 것보다 저렴하게, 그리고 더욱 긴 수리 보증 기간을 보장하는 차량 판매소가 늘어나고 있었던 것이다. 메르세데스벤츠는 이런 어려움을 극복하기 위해 타 경쟁업체들과 근본적으로 차별적이고 경쟁력 있는 그들만의 서비스 프로그램을 개발하기로 했다. 그 조건은 다음과 같다.

- 경쟁 업체가 제공하는 수리 서비스 요금이 조금 더 저렴하더라도 고객들이 메르세데스벤츠에서 공식 지정 서비스센터를 찾도록 강력한 유인 요소를 개발할 것.

- 새로운 서비스 프로그램을 경험한 고객들이 메르세데스벤츠라는 브랜드에 대한 더욱 높은 충성도를 갖게 할 것.

- 고객들이 다른 사람들에게 메르세데스벤츠의 공식 지정 서비스센터와 서비스 프로그램을 기꺼이 추천할 수 있게 할 것.

- 공식 지정 서비스센터 점주들에게 영국 법인이 개발한 새로운 서비스 프로그램을 전파하고 도입을 요구할 때, 그들이 자발적으로 시스템을 바꿀 만큼 서비스의 변화가 바람직하며 달성할 수 있는 목표라는 점을 인식하게 할 것.

엔진은 새로운 서비스 전략을 수립하고 구체적인 프로그램들을 개발해내기 위해 18개월간 메르세데스벤츠 영국 법인 내부의 팀과 공식 지정 서비스센터 점주 몇 명을 선정해 함께 작업했다.

엔진은 먼저 현재 상황을 파악하기 위해 서비스 프로세스 상에서 직면하게 되는 상황적 한계점이나 도전적 과제, 그리고 그들의 우선순위를 분석해 보았고, 고객들의 욕구를 알아내기 위해 벤츠를 소유하고 있는 사용자들에 대한 민족지학(ethnography) 리서치를 수행했다. 그리고 이를 바탕으로 이해관계자들과의 아이디어 발상 및 서비스디자인 개발 워크숍을 실시했다.

실제 크기의 프로토타입으로 테스트

메르세데스벤츠팀과의 공동 워크숍

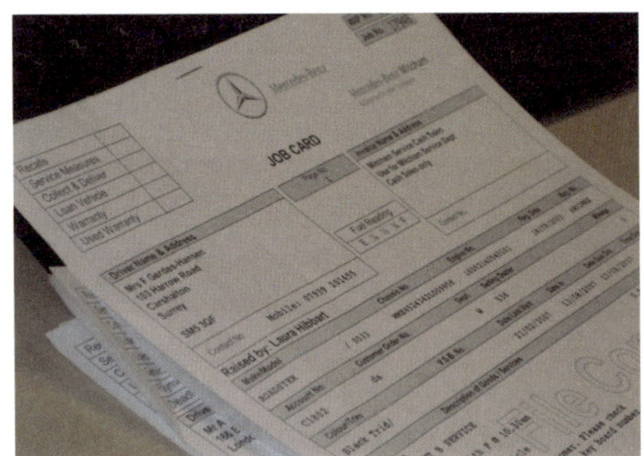

새로운 서비스 콘셉트 시연을 위한 시트

초기 단계의 프로토타이핑을 위한 도구들

이런 작업을 통해 도출해낸 통찰(insight)들로부터 메르세데스벤츠의 애프터서비스 경험을 위한 프레임워크(framework)와 콘셉트 모델을 개발했다. 이들은 구체적인 가이드라인과 실제 결과물 개발을 위한 여러 서비스 원칙을 포함하고 있다. 엔진은 이어서 서비스 경험을 만들어 내는 데 요구되는 요소인 사람, 시스템, 환경과 툴이 포함된 프레임워크인 서비스에콜로지를 시각화하기 위한 작업을 시작하고, 새로운 서비스를 위한 고객 여정을 묘사했다.

작은 모형에서 실물 크기의 큰 모형까지 고객, 직원, 그리고 이해관계자가 참여한 가운데 프로토타이핑과 리뷰를 반복해서 실시했고, 최종 단계에서는 서비스 구현과 전달 과정의 자세한 세부 사항과 함께 기능적인 부분까지도 최종적으로 시행하고 테스트했다. 게다가 엔진은 새로운 서비스를 지원하고 표현할 수 있는 다양한 '룩&필(look & feel)'과 '메시지'까지 만들었다.

엔진은 메르세데스벤츠의 서비스를 선택하는 매력적인 이유를 제공하기 위해 다양한 이해관계자들의 통찰을 도출하고, 이를 통해 고객을 위한 혁신적이고 새로운 서비스 모델을 디자인했다. 또한 그 서비스 프로그램을 영국 전역으로 확대하고 적용하기 전에 고객에게 확신을 주기 위해 테스트를 진행하고 프로토타입으로 검증 과정을 거쳤다.

그 결과 메르세데스벤츠의 새로운 애프터서비스 프로그램은 성공적이었다. 이 서비스 제공에 참여하는 딜러들의 만족도, 마진율, 고객의 수는 계속 증가했다. 영국에서 시작한 이 서비스 프로그램은 다른 나라의 벤츠 딜러들에게까지 퍼지고 있다. 또한 프랜차이즈 운영자들은 이 서비스 프로그램을 성공적으로 운영했고, 고객 만족도는 평균 대비 최대 50%까지 향상되었다. 고객의 선택과 추천 또한 지속적으로 늘어났다.

자료 제공: 엔진

KT

KT는 디자인을 회사와 CEO의 경영 의지를 고객에게 보여주는 효율적 수단으로 여기며 디자인 경영을 본격적으로 강화했다. 그 일환으로 기존 공기업 이미지 쇄신을 위해 CI를 리뉴얼해 강력한 브랜드 아이덴티티를 구축했다. 2012년 현재는 비주얼, 공간, UI, 프로덕트 아이덴티티(Product Identity, PI)를 구축해 토탈 아이덴티티를 완성했다.

KT는 고객에게 자사의 서비스를 체험하게 하는 것과 더불어 친사회적인 기업 이미지를 구축하기 위해 카페, 산책, 쇼핑, 공연과 함께 다양한 감성 체험과 놀이 문화가 있는 IT 복합 문화 서비스 공간인 올레스퀘어를 디자인했다. 이곳은 기존의 일반적인 홍보관과는 달리 관람객을 통솔하는 도우미도 없고, 복잡하고 까다로운 IT 전시물도 보이지 않는다. 그 대신 생활 속에 친숙한 IT 기기를 손쉽게 직접 다루어보고 자유롭게 체험할 수 있는 고객 경험 서비스 공간이다.

KT는 즐겁고 유익한 공간을 만들어 다양한 계층의 방문을 유도하고, 이를 통해 올레스퀘어가 통신서비스 기업이 만든 대표적인 서비스 공간이 되게 하자는 취지로 공간 구축의 방향성을 설정했다. 많은 사람들이 방문하며 기업의 브랜드 가치를 경험할 수 있는 터치포인트로서의 공간을 구축하기 위해 KT는 주변 환경과 여건에 맞게 자연스러운 유입을 유도하는 단계적 접근 전략을 활용했다.

먼저 사람들이 거부감 없이 드나들 수 있도록 광화문광장과의 연계성을 살려 공간 앞을 틔우고, 넓은 실내 공간에 카페와 공연장을 두어 진입 장벽을 낮추었다. 또한 실생활에서 거의 활용되지 않는 최첨단 IT가 아닌 누구나 쉽게 즐길 수 있는 생활 밀착형 IT를 체험하게 하고, 통신 IT와 관련된 새로운 트렌드와 제품 사용법 등을 배울 수 있는 교육의 장을 기획했다. 고객들이 언제든 다양한 목적으로 다시 방문할 수 있도록 유도한 것이다. 마지막으로 KT의 서비스 상품을 체험하고 구매할 수 있는 공간을 두어 실사용 고객과 잠재 고객에게 서비스 사용의 편리성을 제공했다.

고객의 진입과 경험을 자연스럽게 이끌어낼 수 있도록 전략적으로 프로그래밍된 공간은 차세대 통신 IT를 이끌 '그린(green) IT' 콘셉트를 공간디자인에 적용해 자연의 모습을 생생하게 담아낸 공간디자인으로 각박한 도심에 활력을 불어넣어 고객이 일상에서 벗어나 휴식을 취할 수 있게 했다.

올레스퀘어는 2개 층으로 구성되어 있다. 1층의 데크라운지, 카페라운지, 드림홀, 서비스라운지, 에코라운지, 2층의 모바일라운지와 홈라운지 총 6개의 라운지로 구성되어 있으며, 모든 공간에서 KT만의 브랜드 아이덴티티를 느낄 수 있도록 이루어져 있다.

올레스퀘어의 외부 공간인 데크라운지는 건강한 나무와 풍력 발전기, 돌담길이 펼쳐져 있어
마치 제주 올레길이 연상된다. 야간에 건물 외벽 미디어 파사드에는 사계절을 담은 영상이 흘러나오고,
녹색 환경의 태양광 가로등도 설치되어 있다.

데크라운지

드림홀

드림홀의 구조는 고대
희랍시대의 극장을 연상시키는
반원형 형태이며 입구 쪽에는
두 개의 미디어 폴이 세워져
있다. 이곳은 시민을 위한 각종
문화 공연에서 생활 IT를 쉽고
편리하게 이용하도록 도움을
주는 무료 강연이 열린다. 드림홀
전면은 투명 유리로 되어 있어
건물 외부에서도 퍼포먼스를
생생하게 구경할 수 있다.

카페라운지

올레스퀘어 내부로 들어서면
커피와 휴식 공간을 제공하는
카페라운지를 볼 수 있다.
이곳에서 제공하는 커피에는
아라비카커피 가운데
세계 상위 1%안에 드는
스페셜티그레이드(Special Tea
Grade)의 원두만을 사용한다.
또한 풍미가 뛰어난 벨기에
와플을 취급한다. 이뿐 아니라
사람의 얼굴을 인식해 나이를
맞히는 IT 게임을 즐길 수 있으며
디지털 방명록에 이름을
남길 수도 있다.

서비스라운지
서비스라운지는 칵테일 바에서
바텐더와 대화를 나누듯 생활
IT를 쇼핑하고 상담을 받는
공간이다. 최신형 스마트폰에서
가정용 IT 상품까지 직접
체험하고 구매할 수 있으며
평소 궁금했던 사항에 대한
자세한 안내도 받을 수 있다.
또한 외국인 대상 영어 상담원과
통역서비스를 제공한다.

에코라운지

에코라운지에서는 식물이
가득한 실내 정원과 이들과 함께
조화를 이루는 그린 IT의 모습을
만날 수 있다. 허브 향이 가득한
공간에는 실제로 비를 맞는 듯한
'디지털 레인(digital rain)'이
보이고, 손동작을 인식해 영상을
재생하는 IR 센서도 볼 수 있다.
그리고 친환경 소재로 제작된
에코 제품을 만져볼 수 있는 등
KT가 추구하는 그린 IT를 경험할
수 있다.

모바일라운지

모바일라운지는 언제 어디서나
모바일 생활을 즐기는 현대인의
일상에 착안해 세계 유명 거리의
풍경과 소리를 IT 기술로 재현한
공간이다. 시시각각 변하는
풍경과 각종 모바일 서비스를
체험해볼 수 있다.

디자인 랜드
올레스퀘어에는 『걸리버 여행기(The Gulliver's Travels)』에 등장하는 소왕국처럼 새로움이 넘친다. 올레스퀘어라는 하나의 창조적 콘셉트 안에서 모든 것이 새롭게 디자인되었기 때문이다. 공간디자인과 미디어 영상은 물론이고 제품, 유니폼, 안내 표시물, 일회용품에 이르기까지 모든 것에 올레스퀘어만의 아이덴티티가 담겨 있다. 올레스퀘어에 가면 유쾌하게 휘날리는 올레체와 올레 픽토그램을 쉽게 발견할 수 있다. 또한 눈에 보이는 것뿐 아니라 맛에서 향, 소리, 편안함까지 모든 오감이 섬세하게 디자인되어 있다.

올레스퀘어는 처음부터 명확한 목적에 따른 전략적인 방향성과 그에 따른 공간 프로그래밍으로 구성되었다. 하루평균 3,000명의 방문객 수를 유치하며 KT의 서비스 공간으로서 역할을 하고 있다. 또한 일반적인 전시 공간이 아닌 IT 기술과 문화, 자연 등을 융합해 방문객들의 참여를 자연스럽게 유도하는 새로운 개념의 복합 문화 서비스 공간이라는 점을 인정받아 세계 3대 디자인 공모전 가운데 하나인 iF 커뮤니케이션디자인 어워드 2011 건축 부문에서 수상했다.

자료 제공: KT

쇼핑 / 쇼핑의 서비스디지털미디어디자인, 롯데마트

바이널C(Vinyl C)

바이널C는 사용자의 행동 패턴을 관찰, 조사, 분석하고, 이를 통한 디자인 모티브로 새로운 경험을 이끌어내며, 사용자 중심 디자인 사고를 통해 서비스가 시작되는 시점부터 끝날 때까지 사용자의 경험적 가치를 제공한다. 사용자 리서치 전문 인력과 서비스 경험 설계의 노하우로 차별화된 감성적 가치를 제공하고, 보이지 않는 서비스를 뉴미디어 분야(웹, 모바일, 태블릿PC 등)와 융합해 사용자가 느끼고 공감할 수 있도록 창의적 아이디어를 제시한다.

국내의 대형 할인매장은 롯데마트, 홈플러스, 이마트의 3강 구도로 나뉘어 있다. 워낙 경쟁이 치열하다 보니 상품의 가격, 다양한 서비스, 매장의 입지 등 모든 측면에서의 경쟁력 확보에 사활을 걸고 있다. 가격, 서비스, 입지도 물론 중요하지만 소비자의 삶의 환경이 변화하면서 고객들의 구매 행동 패턴도 빠르게 변화되고 있음을 염두에 두어야 한다. 특히 오프라인 매장에서 단순히 물건을 사는 전통적인 고객 구매 행동 패턴이 오늘날에는 온라인, 모바일, 태블릿 등의 새로운 디지털 미디어 서비스와 연결되어 스스로 정보를 찾고 이들을 통해 상품을 구매하는 방법으로 변화했다. 이러한 상황에서 대형 할인매장들은 빠르게 대응할 필요가 있었다. 치열한 경쟁 시장에서 기존 오프라인 매장의 고객뿐 아니라 새로운 고객층으로의 확대와 새로운 구매 경로를 제공하기 위해 롯데마트는 서비스디자인 방법론을 선택했다. 그리고 이를 통해 차별화된 구매 경험과 가치를 제공하기로 했다.

2011년 초 롯데마트 온라인 쇼핑몰은 최신 쇼핑 트렌드 대응에서 많은 부분이 부족한 상황이었다. 오픈 마켓 형식의 UI 설계된 복잡한 구조 때문에 정보 전달 속도가 더뎌 온라인 쇼핑몰을 주로 사용하는 고객은 느린 반응에 답답함을 느끼고 있었다. 또한 상품에 대한 정확한 설명의 부족과 전달력이 약한 웹디자인은 물건을 직접 보고 구매할 수 없는 온라인 마켓의 한계를 해결해주지 못했다. 고

서비스디자인 프로세스
'유동적 순환 다이아몬드
(flexible loop diamond)'

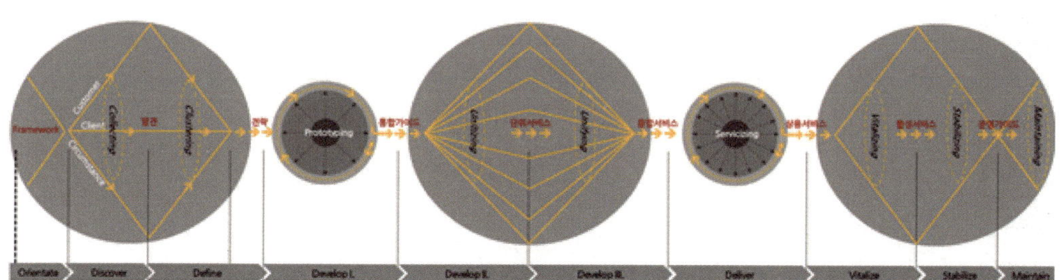

사용자 FGI

객의 행동 패턴과 라이프스타일을 고려한 서비스 구현이 시급했다. 만족할 만한 가치를 제공하고 편리함과 실용성을 갖추기 위해 서비스디지털미디어디자인 개발이 시작되었다.

먼저 대형 할인매장을 이용하는 사용자들의 온·오프라인 행동 패턴을 파악하고 이를 위해 실제 쇼핑 경험을 관찰했다. 또한 온라인 사용자들의 구매 행태를 분석하기 위해 FGI(Focus Group Interview)를 실시하고, 웹, 모바일 쇼핑의 단계별로 고객들의 요구 사항을 파악해 사용자의 욕구를 분석했다.

리서치 결과 오프라인 쇼핑에서는 볼 수 없었던 온라인 쇼핑에서만의 소비자 특성이 나타났다. 온라인을 주로 사용하는 사용자

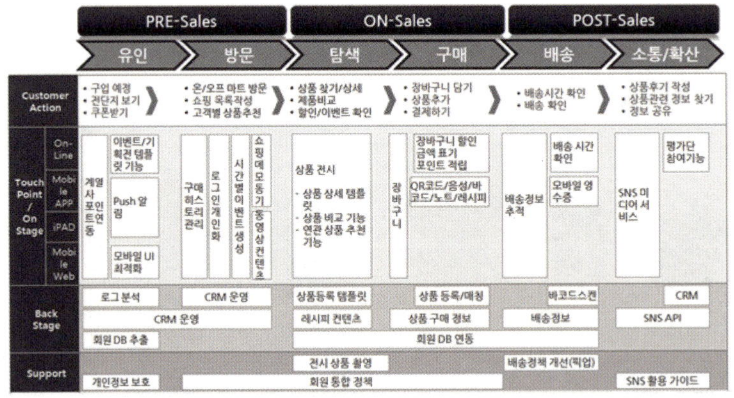

		PRE-Sales		ON-Sales		POST-Sales	
		유인	방문	탐색	구매	배송	소통/확산
Customer Action		· 구입 예정 · 전단지 보기 · 쿠폰받기	· 온/오프 마트 방문 · 쇼핑 목록작성 · 고객별 상품추천	· 상품 찾기/상세 · 제품비교 · 할인/이벤트 확인	· 장바구니 담기 · 상품추가 · 결제하기	· 배송시간 확인 · 배송 확인	· 상품후기 작성 · 상품관련 정보 찾기 · 정보 공유
Touch Point / On Stage	On-Line	계열사 포인트연동	이벤트/기획전 템플릿 기능 / Push 알림 / 모바일 UI 최적화	구매 히스토리 관리 / 로그인 개인화 / 시간별 이벤트 생성 / 쇼핑몰 모동기 동영상 컨텐츠	상품 전시 - 상품 상세 템플릿 - 상품 비교 기능 - 연관 상품 추천 기능	장바구니 / 장바구니 할인 금액 표기 포인트 적립 / QR코드/음성/바코드/노트/레시피	배송정보 추적 / 배송 시간 확인 / 모바일 영수증	SNS 미디어 서비스 / 평가단 참여기능
	Mobile APP							
	iPAD							
	Mobile Web							
Back Stage		로그분석	CRM 운영	상품등록 템플릿	상품 등록/매칭	바코드스캔	CRM
		CRM 운영		레시피 컨텐츠	상품 구매 정보	배송정보	SNS API
		회원 DB 추출		회원 DB 연동			
Support				전시 상품 촬영		배송정책 개선(픽업)	
		개인정보 보호		회원 통합 정책			SNS 활용 가이드

롯데마트
서비스 청사진

들은 들기 어려운 상품이나 주기적으로 구매하는 상품 외에 추가적인 탐색 행동을 보이지 않았다. 또한 결제 시스템의 보안 문제 때문인지 모바일에서는 결제까지 이어지지 않았고, 롯데마트 디바이스 자체에 대한 한계에 부딪혀 이용을 하지 않는 문제점을 발견했다.

이러한 문제점을 해결하고, 쇼핑 전·중·후의 단계가 자연스럽게 이어질 수 있도록 여정 지도를 통해 각각의 터치포인트에서 일어나는 현상을 찾는 작업을 진행했다. 최종적으로 시간과 행동의 흐름에 따른 터치포인트를 나누고 연결해 사용자 중심의 통합적 구매 환경이 완성되었다. 롯데마트는 웹사이트에서 쇼핑을 하는 사용자들이 가장 먼저 할인 상품을 찾는다는 것을 발견했다. 이런 행동 패턴을 적용해 사용자가 주로 찾는 상품을 전면에 배치하고, 오프라인에서 이어지는 전단 상품을 노출했다. 또한 온라인 전용 프로모션을 진행하는 등 사용자에게 최적의 편의를 제공하는 서비스를 설계하고 시스템을 구축했다. 또한 사용자별로 자주 구매하는 상품 카테고리의 정보를 자동으로 검색해 제공하고, 실시간으로 가장 빠른 배송 시간대를 알려주는 등 개인화 서비스를 강화했다.

사용자가 주로 찾는 상품을 전면에 배치한 롯데마트 웹사이트의 메인 화면

유사한 상품을 선택해
비교하는 구조

쇼핑의 주된 매개 기능을
모바일에서도 동기화

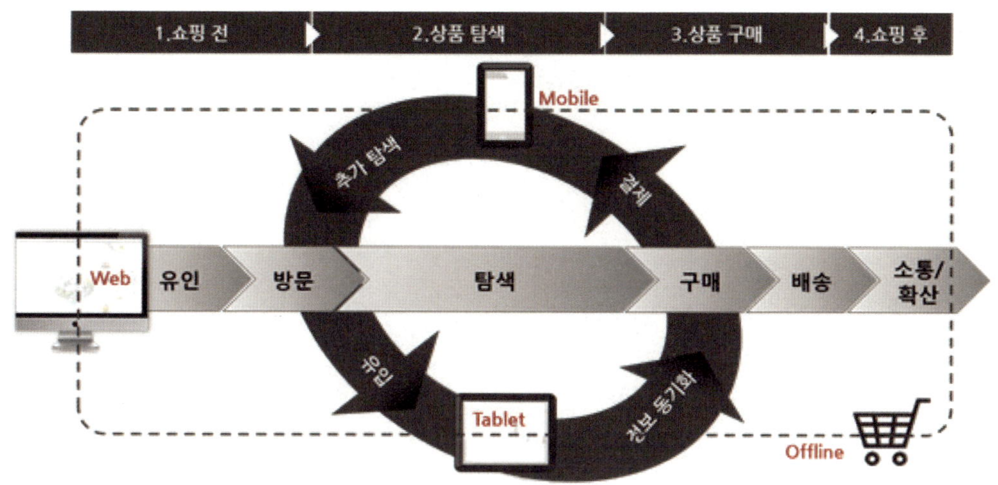

**롯데마트 서비스디자인
과정과 결과**

스마트 기기와 서비스 융합의 결과물은 만족할 만했다. 오프라인 시스템과 웹, 모바일 애플리케이션과의 효율적인 연계, 템플릿에 따른 매장 전시 체계 지원, 상품의 재고 정보 실시간 연계, 상품 상세 정보 제공 등을 통해 사용자의 만족도는 향상되었고, 그 결과 고객 유입이 증가했다.

온라인 쇼핑몰 재정비를 시작으로 스마트폰 애플리케이션의 개발까지 쇼핑서비스의 고객 편의성을 중심으로 '온-오프-모바일'로 이어지는 통합 서비스디자인 작업을 통해 최적의 쇼핑몰로 새롭게 개편된 롯데마트는 효율적인 마케팅 지원 체계를 구축하게 되었다.

자료 제공: 바이널C

231

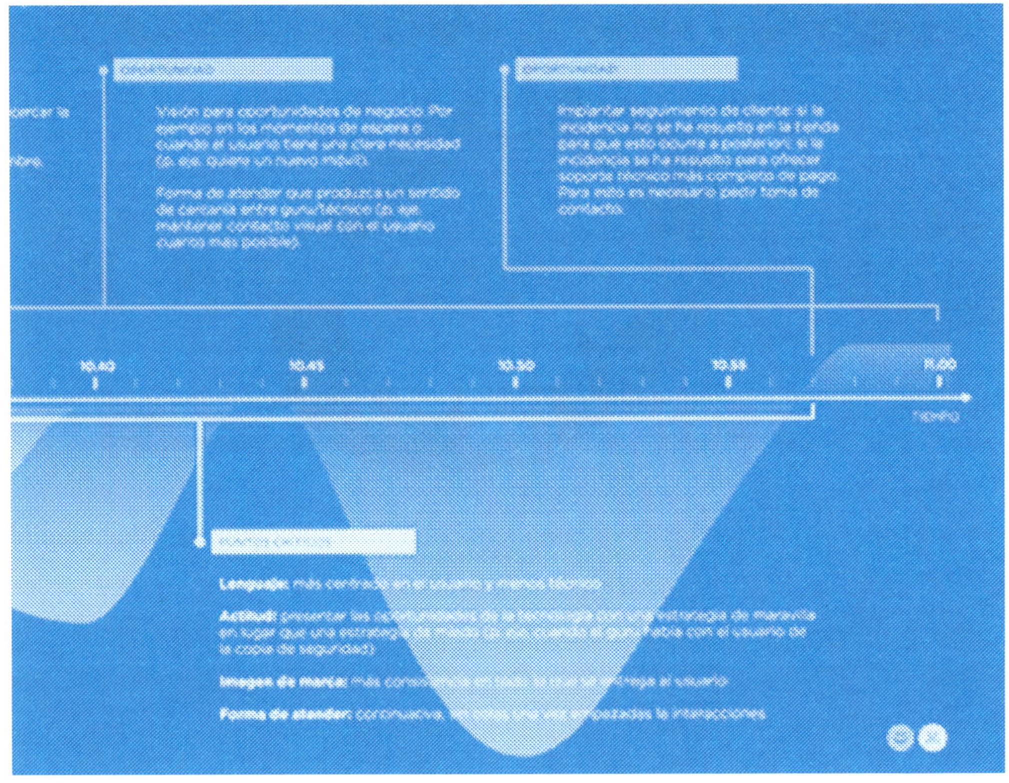

피오르드(Fjord)

피오르드는 스페인 마드리드에 있는 서비스디자인 전문 회사이다. 이들은 서비스를 관계와 비교한다. 관계의 한 면은 인간의 욕구, 행동 및 활동이고, 다른 면은 도구와 네트워크와 소프트웨어, 센서와 데이터이다. 피오르드의 서비스디자인 방법론은 두 가지 관계의 관점에서 조율을 통해 더 나은 삶을 만들고, 기업의 비즈니스가 그들의 고객에게 원활하게 연결될 수 있도록 단순하지만 멋진 상품을 창조하는 것이다.

텔레포니카(Telefónica)는 스페인의 통신회사로 세계적인 운용망을 갖추어 세계에서 가장 큰 유·무선통신망을 보유한 회사이다. 1924년에 콤파니아텔레포니카나시오날데에스파냐(Compania Telefonica Nacional de Espana, CTNE)라는 이름으로 설립되었고 1997년에 통신 시장이 자유화될 때까지 스페인에서 유일한 전화 사업자였으며, 현재도 지배적인 지위(2004년 기준으로 75% 이상)를 차지하고 있다. O2, 모비스타&맨크스텔레콤(Movistar & Manx Telecom)을 합병함으로써 고객 수로는 차이나모바일(China Mobile), 보다폰(Vodafone Group Plc)에 이어 세계 3위이고, 시장 가치로는 상위 5위권에 꼽힌다. 1997년에 스페인 정부는 이 회사를 민영화했다.

피오르드(Fjord)가 수행한 서비스디자인 프로젝트 가운데 주목할 만하고 텔레포니카에 매우 큰 영향을 미친 프로젝트를 소개할까 한다. 이 프로젝트의 가장 궁극적인 목표는 IT 위주의 사업자인 텔레포니카가 기술 위주가 아닌 디자인 위주의 서비스를 만들어 고객에게 제공하고 이를 통해 소비자들에게 가까이 다가감으로써, 오퍼레이션에서 1등 사업자가 되기 위해 스페인 텔레포니카 본부에 서비스디자인을 위한 UX 부서를 신설하고 새로운 디자인디렉터를 임명해 서비스디자인 경영의 인프라를 구축하는 것이었다. 이 프로젝트에서 가장 중요한 부분은 생산자 위주가 아닌 소비자가 느끼기에 텔레포니카가 어렵고 딱딱한 공학적인 조직이 아니라 창의적이고 소프트한 디자인 주도의 조직으로 탈바꿈하는 것이었다.

글로벌 거대 기업 내에 디자인이라는 낯선 조직을 새롭게 구성하는 것이 결코 쉬운 일은 아니었다. 이는 구체적으로 두 가지 방향의 서비스디자인을 수행하는 것으로, 한편으로는 텔레포니카 내부의 디자인 조직과 프로세스를 디자인하고, 다른 한편으로는 이런 조직과 프로세스를 바탕으로 텔레포니카만의 서비스디자인 툴을 개발해 이를 기반으로 소비자에게 새로운 디자인을 소개하는 매우 매력적인 작업이었다.

피오르드는 2009년 봄부터 텔레포니카의 역량과 조직 등의 현황을 분석하는 것을 시작으로 이 프로젝트를 시작했다. 어떤 분야에서 변화와 개선이 필요한지 조사 및 분석하고, 텔레포니카에 맞는 서비스디자인을 정의했다. 또한 텔레포니카에 걸맞은 세계적 수준의 디자인 수장을 찾기 위한 탐색에 나섰다. 정밀한 검토와 인터뷰를 거쳐 파멜라 미드(Pamela Mead)를 디자인디렉터로 선발하고 그녀의 디자인팀을 구성했다. 이런 방식의 채용은 헤드헌터(head hunter)가 그저 화려한 경력의 사람들을 모집해 구성하는 일반적인 채용 절차와는 달리, 피오르드와 같은 디자인 컨설팅 회사에 의해 제시된 디자인 전략과 방법론을 현실의 시장에 맞게 실행해나가기 위해 인재들의 역할 요구에 따라 그에 걸맞은 인재를 채용한 사례로 이례적이면서도 신선한 방식이었다.

내부의 디자인 조직과 인력을 구축한 뒤에는 이미 개발한 텔레포니카의 서비스디자인 방법론과 툴을 내부의 텔레포니카 디자이너들과 함께 모비스타(Movistar, 스페인의 텔레포니카 소비자 브랜드)폰의 오퍼레이팅 시스템과 인터페이스 디자인 및 모비스타 미래 커뮤니케이션 방식의 콘셉트 애니메이션을 개발했고, 그 외에도 시장에 내놓을 만한 실제적인 상품을 출시했다.

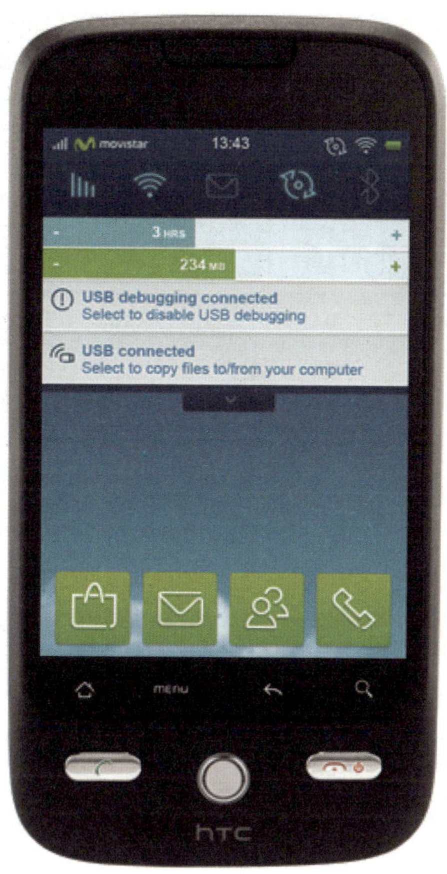
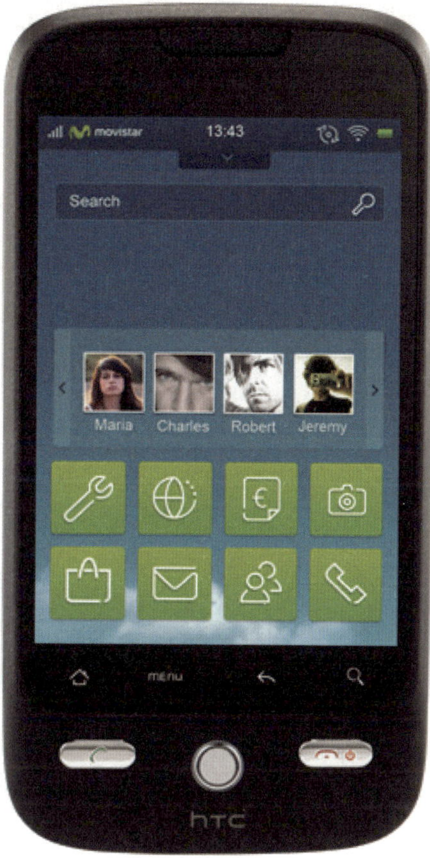

**모비스타폰의 오퍼레이팅
시스템과 인터페이스 디자인**
단순한 UI 디자인이 아닌 새로운
시스템 자체를 디자인하는 일은
사람들이 휴대전화를 사용하는
환경 자체를 디자인하는
작업이다.

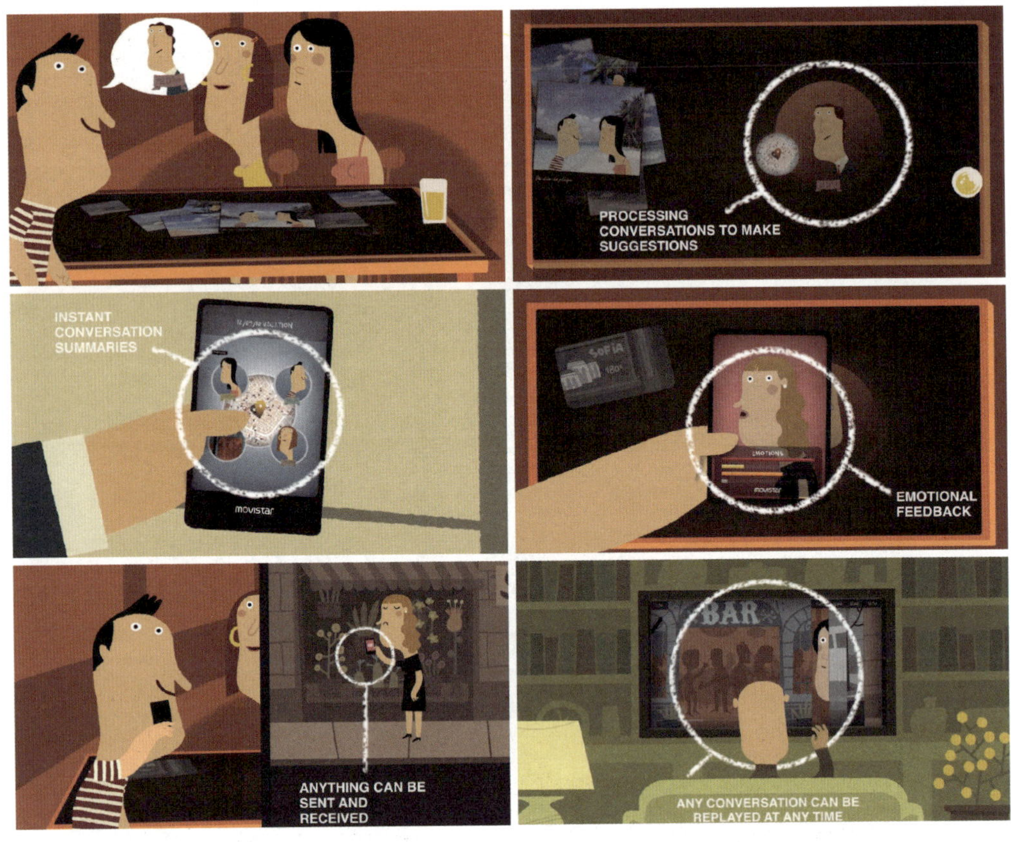

일련의 변혁의 단계를 거쳐 텔레포니카의 디자인팀은 역량과 실적 면에서 급격하게 성장했고, 성공적인 조직 구축으로 획기적인 텔레포니카의 상품과 서비스를 쏟아내고 있다. 이 덕에 피오르드의 협력적 수행 범위는 오늘날까지지 텔레포니카 UX팀의 디자인 문화와 변화 관리 훈련, 기업의 상품 및 서비스 출시 전략, 다양한 기기의 콘텐츠와 커뮤니케이션 서비스를 위한 새로운 시스템의 디테일한 디자인 등으로 확대되었다.

서비스 스토리텔링에 따른 모비스타 미래 커뮤니케이션의 콘셉트 애니메이션

일반인을 위한 기술 지원 서비스
'텔레포니카 구루'를 디자인하기
위해 작성한 사용자 서비스
사파리 방법론
개인 혹은 다수의 사용자와
공급자가 엉킨 서비스에서 고객
여정을 한눈에 보고 문제점과
기회를 이해할 수 있도록
도와주는 방법이다.

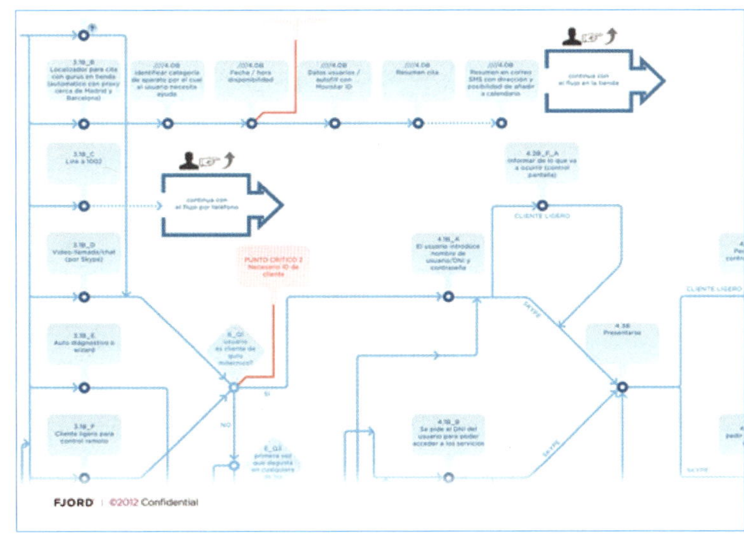

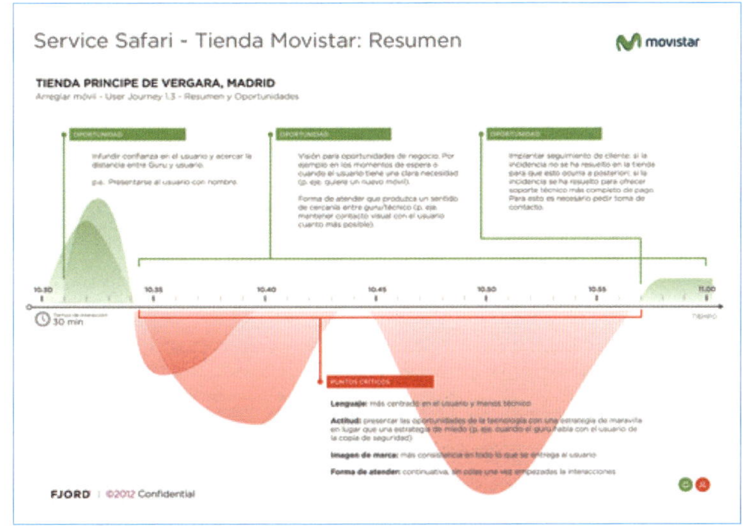

Service Safari - Tienda Movistar: Resumen
movistar

TIENDA PRINCIPE DE VERGARA, MADRID
Arreglar móvil - User Journey 1.3 - Resumen y Oportunidades

FJORD | ©2012 Confidential

자료 제공: 피오르드

참고 자료

참고 자료

단행본

Adrian Palmer, 『Principles of Services Marketing』
4th ed., McGraw-Hill, 2005.

Alex Williams, David Hands, Mark O'Brien
『Proceedings: D2B The First International Design
Management Symposium Shanghai 2006』
The University of Salford, 2006.

Alina Wheeler, 『Designing Brand Identity: A Complete
Guide to Creating』, Building, and Maintaining Strong
Brands, 2nd ed., John Wiley & Sons, Ltd., 2006.

Andy Milligan, Shaun Smith, 『See, Feel, Think, Do:
The Power of Instinct in Business』
Marshall Cavendish, 2006.

Bernd H. Schmitt, 『Experiential Marketing』
John Wiley & Sons Inc., 1999.

Bernd H. Schmitt, 『The Customer Experience
Management: A Revolutionary Approach to Connecting
with Your Customers』, John Wiley & Sons Inc., 2003.

Bernd Schmitt, Alex Simonson, 『Marketing Aesthetics』
The Free Press, 1997.

Brigtte Borja De Mozota, 『Design management』
Allworth Press, 2003.

Chris Fill, 『Marketing Communications』, 4th ed.
Prentice Hall, 2005.

Christopher Lovelock, Sandra Vandermerwe, Barbara
Lewis, 『Services Marketing: A European Perspective』
Prentice Hall Europe, 1999.

David Pickton, Amanda Broderick
『Integrated Marketing Communications』, 2nd ed.
Prentice Hall, 2005.

Gillian Hollins, Bill Hollins, 『Total Design:
Managing the Design Process in the Service Sector』
Pitman Publishing, 1991.

Griff Boyle, 『Design Project Management』
Ashgate Publishing Limited, 2003.

Hawkins Del, Best Roger J., Coney Kenneth A.
『Consumer Behavior』, 9th ed., McGraw-Hill, 2004.

John F. Sherry, Jr., 『Service Scapes』
NTC Business Books, 1998.

Jorge Frascara, 『Design and the Social Science:
Making Connections』, Taylor & Francis, 2002.

Joy Monice Malnar, Frank Vodvarka, 『Sensory Design』
University of Minnesota Press, 2004.

Margaret Bruce, Birgit H. Jevnaker, 『Management of
Design Alliances』, John Wiley & Sons, Ltd., 1998.

Margaret Bruce, John Bessant, 『Design in Business:
Strategic Innovation through design』
Pearson Education Limited, 2002.

Margaret Bruce, Rachel Cooper, 『Marketing and Design
Management』, International Thomson Business Press
1997.

Michael E. Porter, 『Competitive Strategy』, Free Press,
1980.

Michael Solomon, Gary Bamossy, Soren Askegaard,
『Consumer Behaviour: A European Perspective』
2nd ed., Prentice Hall, 2002.

Mike Press, Rachel Cooper, 『The Design Experience』
Ashgate Publishing Limited, 2003.

P. A. Rutter, A. S. Martin, 『Management of Design
Offices』, Thomas Telford Ltd., 1990.

Peter Bonnici, 『Visual Language』
Watson-guptill publication, 1999.

Peter Gorb, Design Management, Architecture Design and Technology Press, 1990.

Peter L. Phillips, 『Creating the Perfect Design Brief: How to Manage Design for Strategic Advantage』 Allworth Press, 2004.

Philip Kotler, Kevin Lane Keller, 『Marketing Management』, 12th ed., Pearson Education Limited 2006.

Philip Kotler, Veronica Wong, John Saunders Gary Armstrong, 『Principles of Marketing』, 4th ed. Pearson Education Limited, 2005.

Rachel Cooper, Mike Press, 『The Design Agenda: A Guide to Successful Design Management』 John Wiley & Sons, Ltd., 1994.

Robert Jerrard, David Hands, Jack Ingram, 『Design Management Case Studies』, Routledge, 2002.

Shan Preddy, 『How to Market: Design Consultancy Services』, 2nd ed., Gower Publishing Limited, 2004.

Valarie A. Zeithaml, Mary Jo Bitner, 『Services Marketing』, 3rd ed., McGraw-Hill, 2003.

김윤배, 최길열 지음, 『시각 이미지 읽고 쓰기』 미담북스, 2005.

김혜찬 외 지음, 『서비스디자인의 동향과 정책 방향』 한국디자인진흥원, 2010.

댄 힐 지음, 이정명 옮김, 『감각 마케팅』 비즈니스북스, 2003.

데이빗 크로우 지음, 박영원 옮김, 『기호학으로 읽는 시각디자인』, 안그라픽스, 2006.

마가렛 브루스, 존 베상트 지음, 김보영, 이원식 옮김 『디자인 인 비즈니스』, 도서출판대웅, 2011.

마르크 스틱도른, 야코프 슈나이더 외 지음, 이봉원, 정민주 옮김, 『서비스디자인 교과서』, 안그라픽스, 2012.

마크 고베 지음, 브랜드앤컴퍼니 옮김, 『감성디자인 감성브랜딩』, 김앤김북스, 2003.

마틴 린드스트롬 지음, 최원식 옮김, 『세계 최고 브랜드에서 배우는 오감 브랜딩』, 랜덤하우스중앙, 2006.

번 슈미트, 알렉스 시몬슨 지음, 인피니트 그룹 옮김 『미학적 마케팅』, 김앤김북스, 2007.

브리짓 보르자 드 모조타 지음, 김보영, 차경은 옮김 『디자인 경영』, 디자인네트, 2008.

안광호, 하영원, 박흥수 지음, 『마케팅원론 3판』 학현사, 2004.

안드레아스 슈나이더 외 지음, 김경균 옮김, 『정보 디자인』 정보공학연구소, 2004.

이유재 지음, 『서비스마케팅』, 학현사, 2005.

전인수 지음, 배일현 옮김, 『서비스마케팅』 한국맥그로힐, 2006.

정경원, 『디자인과 브랜드 그리고 경쟁력』, 웅진북스, 2003.

크리스티안 미쿤다 지음, 최기철, 박성신 공역 『제3의 공간』, 미래의 창, 2005.

톰 피터스 지음, 정성묵 옮김, 『톰 피터스 에센셜, 디자인』 21세기북스, 2005.

서비스디자인 개발 및 컨설팅 업체

국내

DOMC www.domc.or.kr

PXD www.pxd.or.kr

더디엔에이(The DNA) www.thedna.co.kr

더클락워크스 www.clockworks.co.kr

바이널(Vinyl) www.vi-nyl.com

사이픽스(Cyphics) www.cyphics.com

샘파트너스(Sam Partners) www.sampartners.co.kr

제너럴그룹 www.generalgroup.co.kr

팀인터페이스(Team Interface) www.teaminterface.com

국외

네덜란드 디자인싱커스(Design Thinkers)
www.designthinkers.nl

덴마크 디자이니트(Designit) www.designit.com

미국 IDEO www.ideo.com

미국 MEME www.thememedesign.com

미국 마야디자인(Maya Design) www.maya.com

미국 어댑티브패스(Adaptive Path)
www.adaptivepath.com

미국 컨티늄(Continuum)
www.continuuminnovation.com

미국 프론티어서비스디자인(Frontier Service Design)
www.frontierservicedesign.com

스페인 피오르드(Fjord) http://www.fjordnet.com

영국 PDD www.pdd.co.uk

영국 리브워크(Live|work) www.livework.co.uk

영국 싱크퍼블릭(Think Public) www.thinkpublic.com

영국 엔진그룹(Engine Group) www.enginegroup.co.uk

프랑스 옐로윈도우(Yellow Window)
www.yellowwindow.com/sd/index.php

국내

동서대학교 uni.dongseo.ac.kr/graduatedesign
디자인전문대학원 서비스디자인학과 운영
서비스이노베이션 디자인센터 설치

성균관대학교 cdi.skku.edu
제품 및 서비스 시스템 디자인 연구 과제 수행
서비스융합디자인 석사과정 운영

울산과학기술대학교 dhe.unist.ac.kr/index.sko
서비스 및 사용자 경험 디자인 석사과정 운영

이화여자대학교 gsd.ewha.ac.kr
디자인대학원 서비스디자인 전공 석사과정 운영

한성대학교 pd.hansung.ac.kr
서비스 융합형 디자인 컨설팅 지원 기술 연구 과제 수행

국외

덴마크 알보그대학교(Aalborg University) www.en.aau.dk
서비스시스템디자인 석사과정 운영

독일 쾰른국제디자인대학(Köln International School of
Design) www.kisd.de
서비스디자인 석사과정 운영

영국 왕립예술대학(Royal College of Art) www.rca.ac.uk
서비스디자인 석사과정 운영

이탈리아 도무스아카데미(Domus Academy)
www.domusacademy.com
서비스와 경험디자인 석사과정 운영

핀란드 라우레아대학교(Laurea University)
servicedesign.laurea.fi
서비스 혁신과 디자인 석사과정 운영

국내

서비스디자인협의회 www.servicedesign.or.kr

한국디자인진흥원 www.kidp.or.kr

국외

디자인카운슬(Design Council) www.designcouncil.org.uk

서비스디자이닝(Servicedesigning)
www.servicedesigning.org

서비스디자인네트워크 네덜란드(Service Design Network
Netherlands) www.servicedesignnetwerk.nl

서비스디자인네트워크(Service Design Network)
www.service-design-network.org

서비스디자인멜버른(Service Design Melbourne)
www.servicedesign.net.au

서비스디자인툴즈(Service Design Tools)
www.servicedesigntools.com